Watchman Nee

In Hingabe leben

CLV
Christliche
Literatur-Verbreitung e. V.
Postfach 1803 · 4800 Bielefeld 1

Postfach 1803 · 4800 Bielefeld 1
Umschlag: Dieter Otten, Bergneustadt
Satz: Cicero Studio, Berneck
Druck und Bindung: Ebner Ulm

ISBN 3-89397-216-1

Inhalt

Vorwort 7

1. Taufe 9

2. Mit der Vergangenheit abschließen 22

3. Loslassen 35

4. Weihe 47

5. Die Bibel studieren 60

6. Gebet 74

7. Früh aufstehen 87

Vorwort

Mit einer Last auf dem Herzen für die Notwendigkeit einer festen Grundlage des christlichen Lebens hielt Bruder Watchman Nee eine Vortragsreihe über grundlegende Lektionen des praktischen Christenlebens. An dieser Schulungskonferenz für Mitarbeiter im Jahre 1948 in Kuling, Foochow (China) brachte er die Hoffnung zum Ausdruck, daß diese entscheidenden Lektionen vom Volk Gottes treu gelernt würden, damit so eine gute Grundlage für die Auferbauung des Leibes Christi gelegt würde.

«Übe dich zur Gottseligkeit!» (1. Tim. 4, 7) lautet die Ermahnung des Apostels Paulus. Möge doch unser Herz durch Gottes Wort geübt werden, dem Heiligen Geist Raum und Gelegenheit zu geben, die neue Schöpfung zu vervollkommnen.

Alle Bibelstellen aus dem NT sind der revidierten Elberfelder-Übersetzung und die aus dem AT der Schlachter-Übersetzung entnommen.

Lektion 1

Taufe

In der Erkenntnis, daß der Begriff Taufe in der Bibel sehr umfassend ist, wollen wir uns lediglich auf zwei konzentrieren, von denen wir überzeugt sind, jeder Gläubige müsse sie kennen: 1. Was bewirkt die Taufe am Gläubigen? und 2. Welches ist die wahre Bedeutung der Taufe? Bevor der Gläubige getauft wird, sollte er nach vorn blicken und sich fragen: Was wird die Taufe an mir bewirken, jetzt da ich ins Wasser steige? Hier betrachten wir die Taufe im voraus. Doch nach der Taufe muß der Gläubige zurückschauen und sich die zweite Frage stellen: Welches ist die Bedeutung der Handlung, die an mir soeben vollzogen wurde? Das erste ist eine Vorschau, ein Verständnis vor der Taufe; letzteres ist ein Rückblick, eine Feststellung nach der Taufe.

Zwei Reihen von Schriftstellen über die Taufe

Reihe 1:

Markus 16, 16: »Wer gläubig geworden und getauft worden ist, wird errettet werden; wer aber nicht gläubig geworden ist, wird verdammt werden.«

Apostelgeschichte 2, 38: »Petrus aber sprach zu ihnen: Tut Buße, und jeder von euch lasse sich taufen auf den Namen Christi zur Vergebung eurer Sünden, und ihr werdet die Gabe des Heiligen Geistes empfangen.«

Apostelgeschichte 22, 16: »Und nun, was zögerst du? Steh auf, laß dich taufen und deine Sünden abwaschen, indem du seinen Namen anrufst.«

1. Petrus 3, 20–21: »Die einst ungehorsam waren, als die Langmut Gottes in den Tagen Noahs abwartete, während die Arche gebaut wurde, in die wenige, das sind acht Seelen, durchs Wasser hindurch gerettet wurden. Das Gegenbild dazu errettet jetzt auch euch, das ist die Taufe – nicht ein Ablegen der Unreinheit des Fleisches, son-

dern die Bitte an Gott um ein gutes Gewissen –, durch die Auferstehung Jesu Christi.«

Reihe 2:

Römer 6, 3–4: »Oder wißt ihr nicht, daß wir, so viele auf Christus Jesus getauft worden, auf seinen Tod getauft worden sind? So sind wir nun mit ihm begraben worden durch die Taufe in den Tod, damit, wie Christus aus den Toten auferweckt worden ist durch die Herrlichkeit des Vaters, so auch wir in Neuheit des Lebens wandeln.«

Kolosser 2, 12: »Mit ihm begraben in der Taufe, in ihm auch mitauferweckt durch den Glauben an die wirksame Kraft Gottes, der ihn aus den Toten auferweckt hat.«

Die erste Reihe befaßt sich mit dem, was durch die Taufe am Täufling geschieht, während die zweite Reihe die Bedeutung der Taufe erklärt. Die erste Gruppe spricht davon, was der Gläubige diesseits des Wassers – d. h. vor der Taufe – wissen sollte; die andere legt dar, was er jenseits des Wassers – nach der Taufe – wissen sollte. Wir wollen uns die beiden Reihen einzeln anschauen.

Was bewirkt die Taufe am Gläubigen?

»Wer gläubig geworden und getauft worden ist, wird errettet werden; wer aber nicht gläubig geworden ist, wird verdammt werden« (Mark. 16, 16).

1. Wird errettet werden

Wahrscheinlich stehen die meisten Protestanten diesem Vers ein wenig befangen gegenüber. Sobald sie ihn sehen, ändern sie ihn in Gedanken ab und lesen: »Wer glaubt und errettet ist, soll getauft werden.« So hat es jedoch der Herr nicht gesagt. Um nicht dem Irrtum der römisch-katholischen Kirche zu verfallen, verändern die Evangelikalen (engl. »protestants«) Gottes Wort ab und erliegen dabei einem anderen Irrtum. Der Herr sagt klar: »Wer gläubig geworden und getauft worden ist, wird errettet werden.« Niemand hat Vollmacht, dies abzuändern und zu sagen: »Wer glaubt und errettet ist, soll getauft werden.«

Die Errettung befaßt sich mit der Welt

Wir wollen uns über den Begriff »Errettung« oder »Heil« (Luther übersetzt »Seligkeit«) in der Bibel Klarheit verschaffen. Womit befaßt sich die Errettung? Das ist für Neubekehrte wahrscheinlich nicht leicht zu verstehen, weil ihnen die klare Erkenntnis dessen, was Errettung ist, fehlt. Gemäß der Bibel hat die Errettung in erster Linie etwas mit der Welt zu tun. Das Gegenteil ewigen Lebens ist die Verdammnis, während das Gegenteil der Errettung die Welt ist. Wir sollen aus der Welt herausgerettet werden. Solange wir zur Welt gehören, befinden wir uns im Zustand der Verdammnis.

Es ist für uns unerläßlich, den Stand des Menschen vor Gott zu erkennen. Die Menschen, die heute in der Welt sind, brauchen nichts zu tun, um verloren zu gehen. Man braucht niemand zu ermorden, damit man verlorengehe; man wird aber auch nicht davor bewahrt, wenn man niemanden getötet hat. Die ganze Welt geht ins Verderben, doch Gott entreißt einige denen, die verloren gehen. Was die ganze Welt betrifft, ist sie bereits verdammt; was jedoch einzelne angeht, wird der eine und der andere gerettet. Dies ist nicht ein Trennen einer Herde von hundert Tieren in fünfzig Schafe und fünfzig Ziegen; vielmehr ist es ein Fangen einiger Fische aus einem ganzen Meer. Die im Netz gefangen werden, sind die Erretteten; die im Meer zurückbleiben, die Verlorenen.

Ob jemand errettet oder verloren ist, ist nicht eine Frage des persönlichen Benehmens des Betreffenden; es hängt davon ab, *wo* der Mensch sich befindet. Wenn er im Boot ist, ist er errettet, wenn er noch im Meer ist, verloren. Es kommt nicht darauf an, ob jemand höflich oder grob ist, gut oder schlecht, ob er ein Gewissen hat oder nicht. Solange er sich in der Welt befindet, ist er verloren. Wenn er daraus nicht heraustritt, wenn er diesen Ort nicht verläßt, bleibt er ein Sünder, der unter dem Gericht Gottes steht.

Das Heil ist eine Sache der Stellung

»Denn wie durch des einen Menschen Ungehorsam die vielen in die Stellung von Sündern gesetzt worden sind . . .« (Röm. 5, 19). Diese Worte zeigen, daß ein Mensch nicht sündigen muß, um als Sünder eingestuft zu werden. Wegen der Sünde eines Menschen, sind alle zu Sündern geworden. Solange sich ein Mensch in Adam, in der Welt, befindet, steht er mit Gott im Widerstreit und ist daher ein Feind Gottes. Seine Stellung ist falsch, denn es ist die Stellung des Verlorenen. Dies ist die Lage der nicht Erretteten.

Brüder, wir wollen diesen Begriff »Errettung« ganz klar fassen. Dieses Wort wird sehr häufig, doch oft ungenau, verwendet. In bezug auf unseren heutigen Zustand, umfaßt der Begriff »ewiges Leben« nicht ein gleich weites Gebiet, wie der Begriff »Errettung«. Ewiges Leben zu haben ist heute eine persönliche Angelegenheit, aber errettet zu sein bedeutet beides: sowohl aus einer bestimmten Gemeinschaft herauszukommen, als auch ewiges Leben zu empfangen. Ewiges Leben ist rein persönlich, während errettet sein beides – persönlich und gemeinschaftlich – ist.

Das Heil spricht davon, daß ich eine Gemeinschaft verlasse und einer anderen beitrete. Ewiges Leben sagt aus, welcher Gemeinschaft ich mich angeschlossen habe, doch es erwähnt nicht meine Herkunft. Heil umfaßt sowohl Verlassen als auch Eintreten, während ewiges Leben bloß vom Eintreten spricht. Daraus ersehen wir, daß im gegenwärtigen Zeitalter Heil mehr in sich schließt als ewiges Leben, da es die Angelegenheit des Befreitwerdens von der Welt, des Verlassens der Welt, behandelt.

Wir wollen die vier wichtigsten Aussagen beachten, die uns die Bibel über die Welt macht:

a) Die Welt ist von Gott verdammt und gerichtet.

b) Die Welt liegt in dem Bösen.

c) Die Welt kreuzigte den Herrn Jesus.

d) Die Welt ist ein Feind Gottes.

Merkt euch bitte, daß die Welt nicht nur sündigt, sondern auch den Herrn Jesus kreuzigte. Daher ist sie Gottes Feind. Dies sind die vier Hauptfakten betreffend der Welt, so wie Gott sie sieht. Alle, die sich in der Welt befinden, sind, ungeachtet ihres persönlichen Benehmens, bereits gerichtet und daher im Zustand der Verdammnis.

Die Not der Menschen in dieser Welt geht weit über persönliche, ungerechte Handlungen hinaus. Ihre ganze Stellung ist verkehrt vor Gott. Wie kann ein Mensch die Welt auch verlassen, wenn er deren

Reize noch tief verspürt? Doch eines Tages werden ihm die Augen geöffnet, daß er die falsche Stellung der Welt vor Gott erkennen kann. Wie reizvoll die Welt auch sein mag, man muß sie verlassen. Daher befaßt sich die Errettung mit der Befreiung aus der Welt – aus einer ungebührlichen Verbindung und Stellung.

Einst schrieen die Juden: »Sein Blut komme über uns und über unsere Kinder!« Obwohl ich für den Mord des Herrn Jesus nicht unmittelbar verantwortlich bin, waren es meine Vorfahren, die ihn umbrachten. Obwohl ich nicht persönlich an der Tat beteiligt war, so gehöre ich doch jener Gemeinschaft an, die den Herrn tötete. Diese Gemeinschaft ist Gottes Feind und ist daher verdammt. Ob ich selbst verkehrt bin oder nicht, ist eine andere Frage. Doch Gott muß mich erleuchten, damit ich erkenne, daß die Gemeinschaft, der ich angehöre, verkehrt ist. Das Unrecht der Welt, in der ich bin, liegt darin, daß sie den Herrn Jesus umbrachte und daher als Feind Gottes feststeht. Sie ist bereits von Gott gerichtet. Aus solchem Verhältnis muß ich erlöst, aus dieser Stellung befreit werden.

Was bedeutet nun Errettung? Errettet werden heißt, aus dieser Gemeinschaft, dieser Stellung und aus dieser Beziehung zur Welt befreit zu werden: Ich komme aus der Welt heraus. Gewöhnlich kümmern sich die Leute am meisten um die persönliche Rechtfertigung; sie müßten aber erinnert werden, von welchem Ort sie errettet worden sind. Errettung befreit uns von der Welt, nicht allein von der Hölle – denn die Welt steht unter dem Gericht Gottes.

Die Taufe folgt dem Glauben

Wer an den Herrn Jesus glaubt, hat ohne den geringsten Zweifel, ewiges Leben. Seit mehreren Jahren predigen wir diese Frohe Botschaft. Sobald jemand an den Herrn Jesus gläubig wird, empfängt er ewiges Leben und geht damit auf ewig unter Gottes Gunst. Doch erinnern wir uns daran: Glauben ohne getauft zu werden ist noch nicht Errettung. So wahr du geglaubt hast, besitzest du ewiges Leben, doch in den Augen der Welt giltst du noch nicht als gerettete Person. Solange du nicht getauft worden bist, wirst du nicht als errettet anerkannt werden. Warum? Weil niemand weiß, worin du dich von der übrigen Welt unterscheidest. Du mußt dich aufmachen, dich taufen lassen und den Abbruch deiner Beziehungen zur

Welt bekunden. Dann, und nur dann, bist du errettet. Was ist nun Taufe? Es ist dein Freiwerden von der Welt. Sie befreit dich von der Gemeinschaft, zu der du einst gehörtest. Die Welt wußte, daß du eins mit ihr warst; nach deiner Taufe aber anerkennt sie die Tatsache, daß du mit ihr gebrochen hast. Deine langjährige Freundschaft zu ihr ist jetzt beendet. Du wurdest begraben, damit schlossest du deine Laufbahn in der Welt ab. Vor der Taufe wußtest du, daß du ewiges Leben hattest; nach der Taufe weißt du, daß du errettet bist. Jedermann anerkennt, daß du des Herrn bist, denn du gehörst ihm. »Wer gläubig geworden und getauft worden ist, wird errettet werden.« Warum? Da du – gläubig geworden – dich hast taufen lassen, ist es eine offene Tatsache, wo du stehst. Wäre kein Glaube vorhanden, fehlte diese innere Wirklichkeit, die allein die Dinge echt macht. Doch mit dieser inneren Wirklichkeit versetzt dich die Taufe außerhalb des Bereiches der Welt und macht so dem früheren Verhältnis zu ihr ein Ende. Taufe ist daher Absonderung.

Keine Taufe – kein Zeugnis

»Wer aber nicht gläubig geworden ist, wird verdammt werden.« Unglaube genügt schon zur Verdammnis. Solange jemand noch zur Weltgemeinschaft gehört, besiegelt sein Unglaube seine Verdammnis. Demgegenüber muß der Gläubige getauft werden, denn solange er noch nicht getauft ist, hat er seinen Austritt aus der Welt nicht öffentlich bezeugt.

Wir entdecken drei erstaunliche Tatsachen in der religiösen Welt des Judentums, des Hinduismus und des Islam.

a) Das Judentum verfolgt die Getauften. Unter Juden kann jemand im Geheimen Christ sein, ohne verfolgt zu werden. Die größte Schwierigkeit für Hunderte, ja Tausende von Juden ist es nicht, an den Herrn Jesus zu glauben, sondern getauft zu werden. Wer sich taufen läßt, läuft Gefahr, verstoßen und enteignet zu werden.

b) Hinduismus ächtet Getaufte. In Indien wird dich niemand antasten, solange du dich nicht taufen läßt. Doch als Getaufter, wirst du ausgestoßen. Es sieht aus, als ob die Welt es dir erlaubte, ewiges Leben zu haben, aber sich gegen jedermann stellte, der sich taufen läßt.

c) Der Islam ermordet Getaufte. Die Reaktion des Islam ist schärfer, trifft man doch selten einen lebenden Mohammedaner, der

Christ wurde, denn die Moslems töten Bekehrte. Einer der erfolgreichsten Arbeiter unter Moslems, Dr. Zwemer, erklärte einmal, seine Arbeit würde nie groß werden, da die Auswirkungen seiner Bemühungen alle im Tode endeten. Keiner lebte weiter. Unter Moslems müssen Bekehrte sogleich weggesandt werden, ansonsten sie innerhalb zweier oder dreier Tage nach der Taufe umgebracht würden.

Die Taufe ist ein öffentliches Zeugnis: »Ich bin aus der Welt ausgetreten.«

2. Zur Vergebung der Sünden

»Petrus aber sprach zu ihnen: Tut Buße, und jeder von euch lasse sich taufen auf den Namen Jesu Christi zur Vergebung eurer Sünden« (Apg. 2, 38). Klingen die Worte des Apostels seltsam in unseren Ohren? Wiederum scheinen viele Evangelikale Schwierigkeiten mit diesem Vers zu haben, den der Apostel so unmißverständlich ausspricht. Wie führt denn die Taufe zur Vergebung der Sünden? Ist es nicht sonderbar, daß der Apostel in seiner Botschaft nicht den Glauben stärker betont?

Versucht Petrus mit dieser Botschaft aus Apostelgeschichte 2 die Zuhörer zum Glauben zu bewegen? Ganz und gar nicht. Widerspiegelt dies die Fähigkeit des Petrus zu predigen? Ist sein Predigen dem unsrigen unterlegen? Ist seine Darlegung ungenügend? Gemäß der Bibel ist der wichtigste Punkt des Evangeliums der Glaube. Wie kommt es dann, daß Petrus diesen hervorragendsten Wesenszug übersieht? Er mag andere, weniger bedeutende Gesichtspunkte auslassen, doch bestimmt nicht diesen. Und trotzdem spricht er – seltsam genug – von Taufe anstatt von Glauben, und der Heilige Geist durchbohrt die Herzen der Zuhörer. Nach orthodoxer Lehre würden wir behaupten, Glaube allein sei notwendig; doch Petrus erklärt, daß seine Zuhörer im Namen Jesu Christi getauft werden müssen.

Warum spricht Petrus hier nur von Taufe? Weil alle seine Zuhörer teilgenommen hatten am Mord Jesu Christi. Fünfzig Tage zuvor hatten sie geschrieen: »Hinweg mit diesem!« (Luk. 23, 18). Sie waren in der Menschenmenge gewesen, die ihn mit lauten Schreien verworfen hatte. Jetzt jedoch wünschten etliche aus ihnen von der

Menge abgesondert zu werden. Wie konnte das geschehen? Durch Taufe – denn durch die Taufe würden sie die Welt verlassen und von jener Gemeinschaft getrennt werden, zu der sie einst gehörten. Daher ruft Petrus die Zuhörer der Pfingstpredigt auf, sich im Namen des Herrn Jesus taufen zu lassen, damit ihnen die Sünden vergeben werden. Einzig die Handlung der Taufe läßt sie aus der Welt herauskommen.

Erkennt ihr jetzt, daß ihr, die ihr vormals als Feinde des Herrn der Welt angehörtet, errettet werdet, wenn ihr sie verlaßt? Ihr müßt vor Gott und den Menschen bekennen, daß ihr die Welt verlassen habt und ihr nicht mehr angehört. Das ist die größte Lehre von Pfingsten. Gottes Bericht soll unser Denken formen und nicht irgendein System evangelikaler Theologie.

3. Die Sünden abwaschen

Als nächstes wollen wir Paulus betrachten. »Steh auf, laß dich taufen und deine Sünden abwaschen« (Apg. 22, 16).

Allgemein wird Paulus als der vornehmste Lehrer, Prophet und Apostel des Christentums angesehen. Was wäre nun, wenn seine Erfahrungen oder seine Lehre irgendeinen Mangel aufwiesen? Ihm wird geboten, nicht zu warten, sondern aufzustehen und sich taufen zu lassen. Warum? Um seine Sünden abzuwaschen. Die römisch-katholische Kirche irrt darin, daß sie diesen Vers zu einer persönlichen Erfahrung vor Gott gemacht hat. Sie erkennen nicht, daß dieser Vers etwas mit der Welt zu tun hat. Demzufolge taufen sie Sterbende, um ihre Sünden abzuwaschen, weil sie nicht verstehen, daß Taufe in Beziehung zur Welt und nicht zu Gott steht. Aber Protestanten begehen gleicherweise einen Irrtum, indem sie versuchen, diesen Vers zu unterschlagen.

Als früherer Weltmensch soll Paulus jetzt, da er an den Herrn geglaubt und ihn auch gesehen hat, aufstehen und sich taufen lassen. Derart getauft, werden seine Sünden abgewaschen, da er seine Beziehung zur Welt abgebrochen hat. Wenn jemand insgeheim Christ wird, ohne sich taufen zu lassen, wird die Welt ihn immer noch als einen der Ihren betrachten. Der Gläubige mag sagen, er sei errettet, doch wird die Welt seine Aussage nicht ernst nehmen. Erst wenn er getauft worden ist, zwingt er die Welt dazu, seine Errettung anzuerkennen. Wer wäre so töricht, ins Wasser zu steigen, es sei denn, er hätte guten Grund dazu? Ja, sobald ein Christ sich hat taufen lassen, ist er von der Welt befreit worden. Daher hat dieses Wasser etwas mit der Welt zu tun.

Die Welt wird einen Gläubigen noch immer zu den Eigenen zählen, wenn er nicht seinen inwendigen Glauben äußerlich zum Ausdruck bringt. In Kuling, Futschau, findet jeden Herbst ein Götzenfest statt. Es wird von jedem Bewohner erwartet, daß er dazu beiträgt. Wenn einer einfach sagt, er sei an den Herrn Jesus gläubig geworden und könne daher nicht teilnehmen, läßt man ihm das nicht als Entschuldigung gelten. Läßt er sich aber taufen, wird er den andern sogleich als einer bekannt sein, der die Welt verlassen hat. Daher ist Taufe der beste Weg zur Absonderung. Durch die Taufe bezeugt der Gläubige der ganzen Welt, daß er sein Verhältnis zu ihr aufgelöst und sie verlassen hat.

Die Taufe ist ein öffentliches Zeugnis – darum sollte sie auch offen vollzogen werden. Oft werden Ungläubige an einem Taufgottesdienst erscheinen. Nun schlagen gewisse Gläubige vor, bei einer Taufe sollten nicht allzuviele Zuschauer zugegen sein, damit keine Verwirrung verursacht werde. Bedeutet das, daß Johannes der Täufer noch etwas zu ihren Füßen zu lernen hätte? Denn zweifellos war das Geschehen am Jordan nicht eben organisiert! Nein, die Welt soll Zeuge unseres Handelns sein!

4. Durch Wasser gerettet

Gottes Wort wahrt die Einheit eines Gedankens. In 1. Petrus 3, 20–21 heißt es: ». . . in den Tagen Noahs abwartete, während die Arche gebaut wurde, in die wenige, das sind acht Seelen, durchs Wasser hindurch gerettet wurden.« Das gibt der Errettung einen etwas anderen Gesichtspunkt. Der Herr sagt »wer gläubig geworden und getauft worden ist, wird errettet werden«. An Pfingsten ruft Petrus aus: »Tut Buße, und jeder von euch lasse sich taufen auf den Namen Jesu Christi zur Vergebung eurer Sünden, und ihr werdet die Gabe des Heiligen Geistes empfangen.« An Paulus ergeht die Weisung: »Steh auf, laß dich taufen und deine Sünden abwaschen, indem du seinen Namen anrufst.« Hier aber zeigt uns Petrus, wie wir durch (griech. »dia«) Wasser gerettet werden.

Was nicht durch das Wasser hindurchgeht, ertrinkt ausnahmslos. Zur Zeit Noahs wurden alle getauft, doch nur acht Seelen kamen wohlbehalten aus dem Wasser heraus. Außer den acht wurden alle in die Tiefe gespült und kamen nicht mehr hoch: Ihnen wurde das Wasser zu Wasser des Todes. Für uns ist dies Wasser jedoch Wasser der Errettung. Sie tauchten im Wasser unter und sanken ab, doch wir sind wieder aufgetaucht. Merkst du, daß in den Worten des Petrus etwas Positives liegt? Es stimmt völlig, daß durch die Flut die ganze Menschheit ertränkt wurde, doch waren acht Menschen da, die aus dem Wasser auftauchten. Diese acht wurden errettet, der ganze Rest ging unter. Heute steht die ganze Welt unter dem Zorn Gottes. Als Getaufter jedoch bin ich durch Gottes Zorn hindurch gegangen, bin herausgekommen aus dieser Welt, die verdammt ist. Das ist die Bedeutung der Taufe.

Fortan sind wir aus der Welt herausgenommen

Aus dieser ersten Reihe von vier Schriftstellen sollte uns klar geworden sein, was die Taufe an uns vollzieht. Als Getaufte sind wir von der Welt befreit. Wer zum Glauben gekommen ist, sollte nicht viele Jahre verstreichen lassen, bis er von der Welt befreit wird. Als erstes sollte er sich taufen lassen. Er muß verstehen, wie die Welt vor Gott steht. Was heißt es, errettet zu werden? Es bedeutet, dem früheren Zustand enthoben zu werden; das Verhältnis zur Welt wird gründlich aufgelöst. Fortan steht der Gläubige jenseits der Welt. Den Neubekehrten muß dieser Weg gezeigt werden.

Bald nachdem jemand zum Glauben an den Herrn gekommen ist, sollte ihm klargemacht werden, daß er jetzt außerhalb der Welt steht. Seine Taufe ist ein entschiedener Ausdruck der Tatsache, daß er von der Welt befreit worden ist. Fortan lebt er in der Arche und ist daher auf die andere Seite hinübergeschritten. Viele Dinge kann er nicht tun – nicht nur weil er an den Herrn Jesus gläubig geworden ist, sondern auch weil er getauft wurde. Er hat eine Brücke zur anderen Seite überquert. Das macht die Taufe äußerst bedeutungsvoll.

Taufe bedeutet, daß es mit dir zu Ende ist

Der Irrtum des Protestantismus liegt darin, die Bedeutung der

Taufe zu übersehen, wenn er versucht, die Lehre der Errettung zu vervollkommnen. Wir müssen heute die Bedeutung der Taufe wiederherstellen: Es ist ein Verlassen der Welt; es ist das rechte Vorgehen, um aus der Welt befreit zu werden. Wenn sich jemand taufen läßt, bezeugt er der Welt, daß er sie verlassen hat. Miß M. E. Barber hat es in dichterischer Form festgehalten: »Then the grave, with dear ones weeping, knowing that all life has fled.« (Dann das Grab – mit weinenden Lieben, da sie wissen, daß alles Leben entflohen ist.) Diese Lieben wissen, daß es mit dir ein Ende genommen hat, daß du am Ende deiner Straße angelangt bist. Solche Taufe ist äußerst wirksam. Was darüber hinausginge, wäre unnütz. Du mußt aus deinem alten Bereich herauskommen. Ewiges Leben zu haben bezeichnet das Verhältnis unseres Geistes vor Gott; aber errettet zu sein ist dein Zeugnis vor der Welt, das besagt, daß du an ihr keinen Anteil mehr hast.

Welches ist die eigentliche Bedeutung der Taufe?

Nachdem der Christ getauft worden ist, soll er rückblickend die wahre Bedeutung der Taufe erfassen. »Oder wißt ihr nicht, daß wir, so viele auf Christus Jesus getauft worden, auf seinen Tod getauft worden sind?« (Röm. 6, 3). »Mit ihm begraben in der Taufe, in ihm auch mitauferweckt durch den Glauben an die wirksame Kraft Gottes, der ihn aus den Toten auferweckt hat« (Kol. 2, 12). Hier blicken wir zurück – nicht vorwärts. Merkt euch, daß die Worte aus Markus 16, Apostelgeschichte 2 und 22 und 1. Petrus 3 vor der Taufe, jene aus Römer 6 und Kolosser 2 nach der Taufe ausgesprochen wurden. Nach der Taufe macht uns Gott darauf aufmerksam, daß wir eigentlich in den Tod des Herrn getauft und mit ihm begraben wurden und wir gleicherweise auch mit ihm auferstanden.

Römer 6 legt das Gewicht auf Tod und Begrabensein, obwohl auch die Auferstehung berührt wird. Kolosser 2 jedoch betont Begrabenwerden und Auferstehung. Das führt uns einen Schritt weiter, ist doch hier der Schwerpunkt die Auferstehung. Daß Wasser dient als Grab. Was begraben wird, muß tot sein, aber was auftaucht, muß lebendig sein in der Auferstehung. Römer 6, 3 beschreibt den ersten, Kolosser 2, 12 den zweiten Teil derselben Wahrheit.

1. Ein solch großes Evangelium

Vielleicht hast du zu einer Zeit, als du die schwere Bürde deiner Sünden verspürtest, vom Tod des Herrn Jesus gehört. Solche Nachricht bedeutete wahrlich Evangelium für dich. Als dir klar wurde, wie böse du bist, und deine bestgemeinten Bemühungen, dich von der Herrschaft der Sünde zu befreien, nichts fruchteten – vielleicht erfuhrst du damals, daß du schon tot bist. Das bedeutete für dich wahrlich Evangelium. Gott sei gepriesen, denn dies ist das Evangelium unseres Herrn Jesus Christus. Wie der Tod des Herrn ein großes Evangelium ist, so auch unser Tod in Christus. Es ist eine freudenbringende Tatsache, vom Tod des Herrn zu wissen; gleicherweise gibt es uns Freude zu wissen, daß wir selbst mit dem Herrn gestorben sind. Welches ist dein erster Gedanke, wenn dich die Nachricht vom Tod erreicht? Wie Joseph von Arimathia denkst du an das Begräbnis, denn dies ist die erste menschliche Reaktion auf den Tod. Das Evangelium verkündigt dir heute, daß du in Christus tot bist. Die erste Handlung, die darauf folgen muß, ist die Vorbereitung zum Begräbnis.

Geliebte, wenn ihr zur Taufe ins Wasser steigt oder nach vielen Jahren auf eure Taufe zurückschaut, dann sollt ihr daran denken, daß ihr schon tot seid. Du bittest um dein Begräbnis, weil du glaubst, daß du schon tot bist. Zweifellos würdest du dich heftig zur Wehr setzen, wenn jemand dich vor deinem Tod schon begraben wollte. Sogar wenn du zu schwach wärest, um Einsprache zu erheben – du würdest dich bestimmt dagegen wehren, begraben zu werden, bevor du den letzten Atemzug getan hättest. Der Tod ist daher die Vorbedingung zum Begräbnis. Neubekehrte sollten belehrt werden, daß auch sie gekreuzigt wurden, als der Herr Jesus gekreuzigt wurde. Auf dieser Grundlage werden sie dann darum bitten, im Wasser begraben zu werden. Doch wie der Herr Jesus aus den Toten auferstand, werden auch sie auferweckt werden durch dieselbe Auferstehungskraft, die in ihnen wirkt. Wie sie aus dem Wasser auftauchen, werden sie zu Auferstandenen; sie sind nicht mehr die Alten.

Darauf sollten sie immer wieder zurückschauen. Sie baten um ihr Begräbnis im Glauben, daß sie tot waren. Aus dem Wasser aufgetaucht, werden sie in einem neuen Leben wandeln. Sie befinden sich jetzt auf der Seite der Auferstehung.

2. *Wir sind in Christus*

Einmal war folgende Schlagzeile in einer Zeitung zu lesen: »Eine Person, drei Menschenleben.« Eine schwangere Frau war ermordet worden und die medizinischen Behörden fanden, daß Zwillinge in ihrem Leib waren. Daher also die eigenartige Schlagzeile. Machen wir uns klar, daß wir auch im Fall des Herrn Jesus eine Person haben, aber unzählige Leben. Das ist tatsächlich die Bedeutung des biblischen Ausdrucks »in Christus«. Äußerlich gesehen brachte der Mörder nur die Mutter um, doch die Zwillinge im Mutterleib starben mit ihr. Als Christus starb, starben auch wir.

»Aus ihm (Gott) aber kommt es, daß ihr in Christus Jesus seid« (1. Kor. 1, 30). Aus Gott sind wir also in Christus; und Tatsache ist, daß wir in Christus *sind*. Weil einer starb, starben wir alle. Verstünden wir die Bedeutung von »in Christus sein« nicht, könnten wir auch nie begreifen, was »mit Christus gestorben« sein heißt. Die Zwillinge konnten zusammen mit der Mutter sterben, weil sie sich im Mutterleib befanden. Geistliche Wahrheit ist noch realer als physikalische Tatsache. Gott hat uns mit Christus verbunden, daher ist sein Tod unser Tod. Wir sind in Christus bereits gestorben. Diese Tatsache wollen wir im Glauben annehmen. Indem wir untertauchen und wieder aus dem Wasser auftauchen, bringen wir zum Ausdruck, daß wir uns jenseits des Grabes befinden. Das ist Auferstehung. Unser dafürhalten in Römer 6 betrifft zwei Sorten: Wir halten uns dafür, Gott zu leben in Christus Jesus, aber auch, daß wir der Sünde tot sind in Christus Jesus. Obwohl wir vielleicht in uns selbst keinen Unterschied fühlen, ist »in Christus« dennoch diese herrliche Erfahrung.

Wir hoffen ernstlich, daß die Neubekehrten zum Nachvollzug des Gesagten gebracht werden. Auf ihre Erkenntnis hin, daß sie tot sind, lassen sie sich im Wasser begraben. Im Wissen um die Auferweckung mit Christus steigen sie aus dem Wasser, um Gott zu dienen.

Lektion 2

Mit der Vergangenheit abschließen

Nachdem jemand zum Glauben an den Herrn gekommen ist, sind zweifellos noch Angelegenheiten seiner Vergangenheit zu bewältigen und zu bereinigen. Wir wollen uns die Frage stellen: »Wie sollte man diese Dinge abschließen?«

Die biblische Lehre

In der Bibel – und besonders im Neuen Testament – scheint Gott kein großes Gewicht auf jene Dinge zu legen, die man vor der Bekehrung getan hat. Versuche einmal zwischen dem Matthäusevangelium und der Offenbarung Abschnitte zu finden, die das Abschließen der Vergangenheit behandeln. Du wirst sehen, daß es äußerst schwierig ist, solche Stellen zu finden. Es stimmt, daß die Briefe unseren alten, ungebührlichen Lebenswandel schildern. Auch offenbaren sie uns, wie unser zukünftiger Wandel sein sollte. Aber sie geben keine Anweisungen, wie die Vergangenheit abzuschließen ist. Sie wird beispielsweise im Epheser- und im Kolosserbrief erwähnt; doch sagt uns keiner der beiden Briefe, was wir mit ihr tun sollen. Es wird uns nur gesagt, was wir von jetzt an zu tun haben. Dasselbe gilt für die Thessalonicherbriefe. Auch sie bringen die Vergangenheit in Erinnerung, ohne uns zu sagen, wie wir sie bewältigen sollen; denn wiederum liegt die Betonung auf dem Zukünftigen, als ob das Vergangene kein Problem darstellte. Dennoch besteht kein Zweifel darüber, daß wir die Vergangenheit richtig abschließen müssen. Viele Erweckungsprediger sprechen unermüdlich vom rechten Abrechnen mit dem Vergangenen durch die Neubekehrten. Betonen sie wohl diese Sache zu stark? Wenn wir das Wort studieren, scheint es uns, als ob die Apostel und sogar Johannes der Täufer diesem Problem wenig Beachtung schenkten.

1. Die Antworten Johannes des Täufers

Als das Volk Johannes den Täufer fragte: »Was sollen wir denn tun?«, antwortete er ihnen und sagte: »Wer zwei Leibröcke hat, teile mit dem, der keinen hat, und wer Speise hat, tue ebenso.« Man sieht also auch hier: Er spricht nicht vom Vergangenen, sondern vom Zukünftigen. Auch Zöllner kamen und fragten ihn: »Lehrer, was sollen wir tun?« Er sagte ihnen: »Fordert nicht mehr, als euch bestimmt ist.« Und Söldner wollten von ihm wissen: »Und wir, was sollen wir tun?« Er antwortete ihnen: »Tut niemand Gewalt, und klagt niemand fälschlich an, und begnügt euch mit eurem Sold« (vgl. Luk. 3, 10–14). Das zeigt uns, daß sogar der Bußprediger Johannes nicht die Vergangenheit betonte, sondern vielmehr die Zukunft.

2. Die Lehre des Paulus

Wenn wir uns Zeit nehmen, die Briefe des Paulus zu untersuchen, werden wir bemerken, daß er stets das Künftige hervorhebt und das Vergangene unerwähnt läßt. Woher kommt das? Weil die gesamte Vergangenheit unter dem teuren Blut ist. Ein geringes Abweichen in dieser Angelegenheit würde das Evangelium untergraben, die Lehre der Buße verdrehen und gar den Weg der Wiederherstellung verbauen. Daher müssen wir dieses Problem sorgfältig und vor Gott lösen. Es stimmt, daß gewisse Dinge der Vergangenheit einen Abschluß fordern, doch in diesen Fällen gibt es auch bestimmte Gründe. In dieser Angelegenheit sollten wir uns über unseren Standpunkt völlig im klaren sein.

3. Die Lehre des ersten Korintherbriefes

»Oder wißt ihr nicht, daß Ungerechte das Reich Gottes nicht ererben werden? Irrt euch nicht! Weder Unzüchtige, noch Götzendiener, noch Ehebrecher, noch Wollüstlinge, noch Knabenschänder, noch Diebe, noch Habsüchtige, noch Trunkenbolde, noch Lästerer, noch Räuber werden das Reich Gottes ererben. Und das sind manche von euch gewesen; aber ihr seid abgewaschen, aber ihr seid geheiligt, aber ihr seid gerechtfertigt worden durch den Namen des Herrn Jesus und durch den Geist unseres Gottes« (1. Kor. 6, 9–11). Obwohl Paulus erwähnte, wie die Korinther gewandert waren, gab er keine Hinweise, wie diese Dinge gelöst werden sollten. Was er betont – daß sie im Namen des Herrn Jesus und durch den Geist Gottes gewaschen, geheiligt und gerechtfertigt worden seien –, sollte bestimmt nicht auf das Beschließen der Vergangenheit hinweisen. Unser Heiland hat mit unserer Vergangenheit schon abgerechnet. Nun müssen wir betonen, wie das Leben von jetzt an aussehen soll. Wer gerettet ist, ist gewaschen, geheiligt und gerechtfertigt.

4. Die Lehre des Epheserbriefes

»Auch euch hat er auferweckt, die ihr tot wart in euren Übertretungen und Sünden, in denen ihr einst wandeltet gemäß dem Zeitlauf dieser Welt, gemäß dem Fürsten der Gewalt der Luft, des Geistes, der jetzt in den Söhnen des Ungehorsams wirkt. Unter diesen hatten auch wir einst alle unseren Verkehr in den Begierden unseres Fleisches, indem wir den Willen des Fleisches und der Gedanken taten und von Natur Kinder des Zorns waren wie auch die anderen. Gott aber, der reich ist an Barmherzigkeit, hat um seiner vielen Liebe willen, womit er uns geliebt hat, auch uns, die wir in den Übertretungen tot waren, mit dem Christus lebendig gemacht – durch Gnade seid ihr errettet!« (Eph. 2, 1–5). Hier werden wir in keiner Weise belehrt, wie wir am besten all diese Dinge des Fleisches abschließen könnten, denn es gibt einen allumfassenden Abschluß: Unser Herr hat durch die große Liebe und reiche Barmherzigkeit Gottes unsere ganze Vergangenheit gelöst.

»Dies nun sage und bezeuge ich im Herrn, daß ihr nicht mehr wandelt, wie auch die Nationen wandeln, in Nichtigkeit ihres Sinnes; sie sind verfinstert am Verstand, fremd dem Leben Gottes wegen der Unwissenheit, die in ihnen ist, wegen der Verstockung ihres Herzens; und da sie abgestumpft sind, haben sie sich selbst der Ausschweifung hingegeben, im Ausüben jeder Unreinheit mit Gier.« ». . . daß ihr, was den früheren Lebenswandel angeht, den alten Menschen ablegt, der sich durch die betrügerischen Begierden zu Grunde richtet, dagegen erneuert werdet in dem Geist eurer Gesinnung, und den neuen Menschen anzieht, der nach Gott geschaffen ist in wahrhaftiger Gerechtigkeit und Heiligkeit« (Eph. 4, 17–19; 22–24). Diese Verse sprechen vom Zustand in der Vergangenheit.

»Deshalb legt die Lüge ab . . .« (Eph. 4, 25a). Jetzt beginnt Paulus sich mit der Zukunft zu befassen. Er sagt jedoch nur, wir sollen die Lüge ablegen, ohne uns zu erklären, was wir mit den früheren Lügen tun sollen. »Redet Wahrheit, ein jeder mit seinem Nächsten.« »Zürnet und sündigt dabei nicht! Die Sonne gehe nicht unter über eurem Zorn, und gebt dem Teufel keinen Raum« (V. 25b–27). Nicht über die Vergangenheit, nur über die Zukunft wird gesprochen. »Wer gestohlen hat, stehle nicht mehr« (V. 28a). Wiederum liegt die Betonung auf dem Künftigen. Paulus befaßt sich nicht mit dem Problem, wie das Gestohlene zurückerstattet werden könnte. »Sondern mühe sich vielmehr und wirke mit seinen Händen das Gute.« »Kein faules Wort komme aus eurem Mund, sondern nur eins, das gut ist zur notwendigen Erbauung, damit es den Hörenden Gnade gebe.« »Und betrübt nicht den Heiligen Geist Gottes.« »Alle Bitterkeit und Wut und Zorn und Geschrei und Lästerung sei von euch weggetan, samt aller Bosheit« (V. 28b–31). Alle diese Belehrungen weisen in dieselbe Richtung, indem sie nur das betreffen, was von nun an geschehen soll.

»Unzucht aber und alle Unreinheit oder Habsucht sollen nicht einmal unter euch genannt werden, wie es Heiligen geziemt; auch Unanständigkeit und albernes Geschwätz und Witzelei, die sich nicht geziemen, statt dessen aber Danksagung« (Eph. 5, 3–4). Auch diese Verse folgen dem gleichen Grundsatz: Sie sprechen vom Verhalten des Gläubigen in der Zukunft und nicht von der Bereinigung seiner Vergangenheit im Unglauben.

Aus den Briefen können wir diese wunderbare Wahrheit entnehmen: Gott legt das Gewicht auf die Zukunft des Gläubigen. Ihn beschäftigt das alte Leben nicht, noch was wir mit dem Vergangenen tun sollen. Das ist eine sehr grundlegende Erkenntnis, die alle Gläubigen besitzen sollten.

Wegen gewissen falschen Auffassungen vom Evangelium wird das Bereinigen der Vergangenheit oft so stark betont, daß Leute dadurch gebunden werden. Wir wollen damit nicht aussagen, daß die Vergangenheit nicht beachtet werden müsse; gewisse Dinge müssen tatsächlich bereinigt werden. Doch müssen wir stets darüber im klaren sein, daß dies nichts Grundlegendes ist. Gott versichert uns, daß all unsere vergangenen Sünden unter dem Blut sind. Wir haben völlige Vergebung empfangen, weil der Herr Jesus für uns gestorben ist. Wir sind durch Christus, unseren Stellvertreter, gerettet – nicht aufgrund unseres Bereinigens der Vergangenheit. Niemand ist wegen seines vergangenen guten Verhaltens gerettet, noch deshalb, weil er über seine böse Vergangenheit Buße getan hat. Wir sind gerettet, weil der Herr Jesus uns durch seinen Tod am Kreuz erlöst hat. Dies allein ist der Grund, auf welchem wir fest stehen.

Was müssen wir bereinigen?

Was sollen wir denn mit der Vergangenheit tun? Beim sorgfältigen Forschen im Neuen Testament finden wir einige Stellen, in denen das Abschließen mit der Vergangenheit erwähnt wird. Doch alle diese Fälle sind nur Beispiele, nicht aber Lehre. So hat uns der Herr einige Beispiele hinterlassen, die uns anweisen, wie wir mit der Vergangenheit abzurechnen haben.

1. Alles, was etwas mit Götzen zu tun hat, muß ausgeräumt werden

». . . und wie ihr euch von den Götzen zu Gott bekehrt habt« (1. Thess. 1, 9). Was mit Götzen zusammenhängt, ist nicht so einfach, wie manche denken. Denkt daran: Wir sind ein Tempel des Heiligen Geistes. Welche Übereinstimmung hat der Tempel Gottes mit Götzen? Sogar der Apostel Johannes mahnt in seinem Schreiben an Gläubige: »Kinder, hütet euch vor den Götzen!« (1. Joh. 5, 21).

Wir müssen verstehen, wie die Schrift Götzendienst sieht. Gott verbietet uns, irgendein geschnitztes Bild oder irgendein Gleichnis von etwas herzustellen, das oben im Himmel, unten auf der Erde oder im Wasser ist. Auch verbietet er jeglichen Gedanken, wonach ein solches Bild lebend wäre. Sobald einem solchen Gedanken gefrönt wird, ist ein solches Bild zu einem Götzen geworden. Die Bilder an sich sind nichts; wenn man sie aber als lebend erachtet, werden sie satanisch. Daher ist die Verehrung solcher Bilder streng verboten. Kein Herz darf sich diesen zuwenden. Eines der Zehn Gebote untersagt das Bildermachen (vgl. 5. Mose 5, 8).

». . . und ihren Göttern nachzufragen und zu sprechen: Wie dienten diese Heiden ihren Göttern?« (5. Mose 12, 30b). Frage nicht nach andern Göttern aus Neugierde. Frage nicht danach, wie die Nationen ihren Göttern dienen. Gott verbietet uns, solche Nachforschungen zu treiben; es wird uns nur dazu verführen, den Wegen der Nationen zu folgen.

Welche Übereinstimmung hat der Tempel Gottes mit Götzen? Wie wir das zu verstehen haben, ist klar: Christen sollen nicht in heidnische Tempel gehen, wenn keine besondere Ursache besteht, wie sie beispielsweise vorliegt, wenn wir die Nacht in den Bergen verbringen und keine andere Schlafstelle finden können.* Tempel dürfen nicht zu Unterhaltungszwecken besucht werden. »Hütet euch vor den Götzen« bedeutet: Kommt ihnen nicht zu nahe! »Und ihre Namen (anderer Götter) werde ich nicht auf meine Lippen nehmen« (Ps. 16, 4). Auch auf der Kanzel hüten wir uns davor, die Namen anderer Götter zu erwähnen, wenn es zur Veranschaulichung nicht unbedingt notwendig ist. Wir sollten auch mit jeglicher Art von Aberglauben brechen und keinerlei Furcht vor dem Schicksal hegen. Zu viele Gläubige vertrauen ihrem Glück und achten auf ihr Schicksal, wie es ihre Gesichtszüge oder Handlinien verraten. Solche Dinge sind verboten. Allem, was nur irgendwie mit Götzendienst zu tun hat, muß gründlich und endgültig vor Gott abgesagt werden.

Von Anbeginn seines Glaubenslebens mit Christus muß der Gläubige sich von Götzen und Dingen trennen, die etwas mit Götzendienst zu tun haben. Er soll die Namen von Götzen nicht mehr erwähnen, noch sich von Wahrsagern beraten lassen. Heidnischen Tempeln soll er sich fernhalten und keinen Gedanken an Bilderdienst dulden. Er darf nicht danach fragen, wie andere Religionen anbeten. Das Vergangene muß gänzlich abgeschlossen werden. Gegenstände der Götzenverehrung sollten vernichtet und nicht verkauft werden. Das ist eine ernsthafte Angelegenheit, denn Gott ist äußerst eifersüchtig in bezug auf Götzen. Wenn die Gläubigen sich heute nicht völlig von Götzen trennen, wie werden sie dem größten Götzen der Zukunft entrinnen können, nämlich dem Bild des Antichristen? Nicht nur das Geschnitzte oder Gegossene darf nicht verehrt werden; gleicherweise darf auch nichts Lebendiges angebetet werden. Der Tag kommt, da der Mann der Sünde ein lebendiges Bild haben wird. Kein Bild darf angebetet werden, nicht einmal sogenannte Bilder von Christus oder Maria. Man muß sich zur Gewohnheit machen, keine Bilder zu verehren.

Wir sollen nicht im Fleisch, sondern im Geist dienen, denn Gott

* Bemerkung des Herausgebers: Dies war oft der Fall in China

sucht solche Menschen. Gott ist ein Geist. Er ist nicht ein Bild. Diese Erkenntnis wird viele Gläubige davor bewahren, der römisch-katholischen Kirche zu verfallen, deren Einfluß beim Kommen des Antichristen stark zunehmen wird.

Wenn wir mit der Vergangenheit brechen, müssen wir zuerst alle früheren Götzen verwerfen. Abgewendet von den Götzen erwarten wir die Wiederkunft des Sohnes Gottes. Wir sollten kein Bild vom Herrn Jesus haben, denn jedes ist verfälscht und daher wertlos. Das Museum des Vatikan besitzt über zweitausend Bilder des Herrn Jesus. Alle sind Produkte der Phantasie des Künstlers. Viele durchziehen die Welt und bezahlen Leute, die für sie Modell stehen. Laßt es euch gesagt sein: Das ist Gotteslästerung. Gott ist ein eifernder Gott, der solches nicht dulden wird. Jegliche Art von Aberglaube muß verleugnet und auch die kleinste Spur von Götzendienst beseitigt werden.

2. *Gewisse Dinge fordern einen Abschluß*

»Viele aber von denen, die vorwitzige Künste getrieben hatten, trugen die Bücher zusammen und verbrannten sie vor allen; und sie berechneten ihren Wert und kamen auf fünfzigtausend Silberdrachmen« (Apg. 19, 19). Auch damit muß der Neubekehrte abrechnen. Obwohl diesbezüglich weder Gebot noch Lehre vorliegt, entspringt solches Handeln offensichtlich dem Wirken des Heiligen Geistes. Der Heilige Geist wirkt in den Gläubigen dahin, daß sie Dinge, die nicht in ihrem Besitz sein sollten, herausbringen und verbrennen. Die Bücher, die in der Apostelgeschichte erwähnt werden, waren fünfzigtausend Stück Silber wert – eine Menge Geld. Aber sie wurden nicht verkauft, damit die Gemeinde den Erlös verwenden konnte; vielmehr wurden sie verbrannt. Wäre Judas dabei gewesen, er hätte sich bestimmt gegen das Verbrennen gewehrt, denn die Bücher waren weit mehr wert als jene dreißig Stück Silber. Mit dem Geld hätte man den Armen helfen können. Dem Herrn aber gefiel es, die Bücher verbrennen zu lassen. Es gibt mehrere Dinge, mit denen gebrochen werden muß. Eines sind Bilder; Bücher über Magie ein anderes. Das Prinzip aber ist klar: jegliche Bilder müssen abgewiesen, und mit allen zweifelhaften Dingen muß abgerechnet werden. Wir haben das Vorbild aus der Schrift, daß Dinge, die eine eindeutige Beziehung zur Sünde haben, wie etwa

Gegenstände von Glückspielen oder obszöne Bücher, verbrannt werden müssen. Wie steht es mit Dingen, die sich Heiligen nicht geziemen? Im Heim eines Ungläubigen ist es nur natürlich, daß Dinge zu finden sind, die mit Sünde zu tun haben und einem Heiligen nicht anstehen. Daher sollte man, nachdem man gläubig geworden ist, nach Hause gehen und seine Besitztümer durchsehen. Was mit Sünde zu tun hat, soll zerstört und nicht verkauft werden. Dinge, die für einen Heiligen unpassend sind, können in gewissen Fällen abgeändert (Kleider) oder verkauft werden.

In den Kapiteln dreizehn und vierzehn des dritten Mosebuches finden wir eine schöne Veranschaulichung in den Kleidern eines Aussätzigen. Sie können mit den Dingen verglichen werden, die wir bereinigen müssen. Bei genauer Untersuchung fand man, daß einige dieser Kleidungsstücke von der Seuche des Aussatzes befallen waren, und da sie nicht gewaschen werden konnten, wurden sie im Feuer verbrannt. Andere konnten jedoch gewaschen werden; die Seuche wich von ihnen, und sie konnten wieder verwendet werden. Gleicherweise können gewisse Kleidungsstücke durch Verlängern oder Verkürzen brauchbar gemacht werden, denn hier ist das Problem ein rein stilistisches. Andere hingegen sind so eng mit der Sünde verwoben, daß sie nicht weiter verwendet werden können. Sie müssen verbrannt werden. Ein Neubekehrter muß diese Lektion gleich zu Beginn so gut lernen, daß er sie sein ganzes Leben lang nicht mehr vergißt. Man muß ihm zur Erkenntnis verhelfen, daß Christsein eine äußerst reale Sache ist. Es beinhaltet weit mehr, als die Gemeinde besuchen und sich Predigten anhören.

3. *Jegliche Schuld muß beglichen werden*

»Zachäus aber stand und sprach zu dem Herrn: Siehe, Herr, die Hälfte meiner Güter gebe ich den Armen, und wenn ich von jemand etwas durch falsche Anklage genommen habe, so erstatte ich es vierfältig« (Luk. 19, 8). Zachäus gibt uns ein gutes Beispiel. Eigenartigerweise gibt es zu diesem Thema keine Lehre, sondern jeder Gläubige handelt so, wie er sich vom Heiligen Geist geführt weiß. Ein bißchen mehr hier, ein bißchen weniger da; jeder tue, nachdem ihn der Heilige Geist leitet. Wenn das ganze eine bloße Angelegenheit der Lehre wäre, würden alle gleich handeln.

Die Kraft des Herrn auf den Zachäus war so stark, daß er bereit war, alles vierfach zu erstatten, was er sich auf unlautere Art angeeignet hatte. Eigentlich würden wir eine doppelte Erstattung als genügend erachten. Im dritten Mosebuch finden wir folgendes Prinzip: »Füge noch den fünften Teil hinzu« (3. Mose 5, 16). Bei einer Schuld von tausend Dollar würde sich die Wiedererstattung demzufolge auf tausendzweihundert Dollar belaufen. Wenn sich aber jemand vom Heiligen Geist geführt weiß, so muß er dieser Führung folgen, sei die Rückerstattung auch das vier- oder gar zehnfache. Laßt uns also daran denken, daß die Bibel hier keine feste Lehre darlegt. Uns sind lediglich Prinzipien gegeben. Wie wir sie anwenden, bestimmt die Führung des Heiligen Geistes.

Wenn ein Gläubiger in der Vergangenheit gewuchert, jemanden betrogen, gestohlen oder sich etwas auf ungerechte Weise angeeignet hat, meinen wir, er sollte dies so bereinigen, wie ihn der Herr führt. Er mag nicht in der Lage sein, das unlauter Erworbene finanziell wiedergutzumachen. Obwohl das auf seine Vergebung durch Gott keinen Einfluß hat, wird es sein Zeugnis beeinträchtigen.

Wenn ich einem Menschen tausend Dollar entwendet habe, bevor ich zum Glauben kam, kann ich ihm das Evangelium nicht verkündigen, bis dieser Diebstahl geklärt worden ist. Ich mag versuchen, ihm zu predigen, doch aller Wahrscheinlichkeit nach werden sich seine Gedanken um diese tausend Dollar drehen. Zweifelsohne hat Gott mir vergeben, doch kann ich diesem betreffenden Menschen kein Zeugnis sein. Ich kann mich vor ihm nicht entschuldigen, die Schuld nicht beglichen zu haben, indem ich ihm erkläre: »Hat denn Gott mir nicht vergeben?« Diese Sache hat sehr viel mit meinem Zeugnis zu tun.

Denkt bitte an Zachäus: Um seines Zeugnisses willen erstattete er vierfältig zurück. Als alle Leute murrten und sagten: »Er (Jesus) ist eingekehrt, um bei einem sündigen Mann zu herbergen«, als sie ihn anklagten, wieviel er sich auf unehrliche Weise angeeignet hatte, da stand Zachäus hin und sprach: ». . . und wenn ich von jemand etwas durch falsche Anklage genommen habe, so erstatte ich es vierfältig.« Diese vierfache Rückerstattung war keine Bedingung, ein Sohn Abrahams zu werden, noch war es erforderlich, um das göttliche Heil zu empfangen. Es war vielmehr eine Auswirkung dessen, daß er ein Sohn Abrahams war, daß seinem Haus Heil widerfahren war. Seine vierfältige Erstattung stopfte den Murrenden das Maul, denn er gab weit mehr zurück, als er sich widerrechtlich angeeignet hatte. Indem er auf diese Weise sein Vergehen wiedergutmachte, wurde er zu einem Zeugnis vor den Menschen. Solches Handeln ist die Grundlage für ein Zeugnis.

Ich kenne einen Bruder im Herrn, der in finanziellen Belangen ungerecht und in gewissen Bereichen sündig im Auftreten war, bevor er gerettet war. Er hatte viele Schulkameraden, die größtenteils zur oberen Mittelklasse gehörten. Nachdem er gläubig geworden war, versuchte er eifrig seine Klassenkameraden für Christus zu gewinnen, versagte dabei jedoch kläglich. Obwohl er in aller Ernsthaftigkeit ihnen das Evangelium predigte, konnten sie ihm nicht glauben. Sie wunderten sich nur über seine früheren Betrügereien und sein schlechtes Auftreten. Sie hatten seine Vergangenheit nicht vergessen, denn er hatte sein Verschulden nicht wie Zachäus wiedergutgemacht. Seine vergangenen Sünden waren von Gott vergeben worden, doch bildeten sie noch immer ein Problem und ein Hindernis für die Menschen. Hätte er seine Fehler bekannt und die Schulden zurückbezahlt, sein Zeugnis wäre angenommen worden.

Als Neubekehrter muß man sich fragen, ob man betrogen oder jemandem Falsches angetan hat, ob man etwas mit nach Hause genommen hat, das einem nicht gehört oder das man auf unlautere Weise erstanden hat. Wenn ja, so kann man dies alles in Ordnung bringen, indem man eine Sache um die andere klärt. Christliche Buße schließt das Bekennen von vergangenen Fehlern ein. Es ist nicht dasselbe wie gewöhnliche Reue, welche einfach ein verändertes Benehmen bedeutet. Ein Beispiel: Wenn ich als weltlicher Mensch früher oft die Fassung verlor, so bekunde ich meine Reue genügend, wenn ich es nicht wieder geschehen lasse. Doch als Christ kommt zum veränderten Benehmen das Bekenntnis hinzu, daß es nicht recht war, die Fassung zu verlieren. Ich muß also nicht nur fortan vor Gott meine Beherrschung bewahren, sondern auch vor Menschen meinen Fehler bekennen, die Beherrschung verloren zu haben. Dann wird diese Angelegenheit abgeschlossen sein.

Wenn jemand häufig gestohlen hat, so kommt er in Ordnung mit Gott, wenn er aufhört zu stehlen. Doch sein Verhältnis zu den Menschen ist damit noch nicht bereinigt. Sollte er auch drei Jahre lang nichts mehr stehlen, gilt er vor den Menschen noch immer als ein Dieb. Daher muß er wegen seines Zeugnisses nicht nur aufhören zu stehlen, sondern auch vor den Menschen seinen Fehler eingestehen. Dazu ist er in der Lage, weil er aus Gnaden gerettet worden ist.

Ein schwieriges Problem:

Folgende Lage stellt uns vor ein schwieriges Problem: Angenommen, ich hätte zehntausend Dollar gestohlen, besitze aber jetzt nicht einmal tausend Dollar. Wie kann ich dieser Schwierigkeit begegnen? Hier gilt der Grundsatz: Ich muß offen meinen Diebstahl bekennen und erklären, daß ich gegenwärtig nicht in der Lage sei, zurückzuzahlen. Wiedererstattung ist eine Sache, Bekenntnis eine andere. Ob ich bezahlen kann oder nicht, bekennen muß ich; sonst werde ich nie ein Zeugnis sein. Obwohl Bekennen oft sehr schwer ist, muß es dennoch getan werden.

Was kann in einem Mordfall getan werden, um die Vergangenheit zu bereinigen? In der Bibel finden wir zwei solche Beispiele aufgezeichnet. Im ersten ist die Person unmittelbar in einen Mord verwickelt, im zweiten ist sie indirekt beteiligt. Im ersten Fall handelt es sich um den Schächer am Kreuz. Das Wort »Räuber« im Griechischen bezeichnet nicht einen gewöhnlichen Räuber, sondern jemanden, der Leute ermordet; nicht einen gewöhnlichen Dieb, vielmehr einen, der für Geld Menschen tötet. Nachdem dieser Räuber aber gläubig geworden war, vergab ihm der Herr seine Sünden, denn es gibt keine Sünde, die nicht durch das teure Blut gereinigt werden kann. Er sagte zu ihm: »Wahrlich, ich sage dir: Heute wirst du mit mir im Paradiese sein« (Luk. 23, 43). Dieser Räuber hatte seine Vergangenheit nicht bereinigt; auch hatte er keine Gelegenheit dazu gehabt. Die Schrift erwähnt nicht mehr aus seiner Vergangenheit, als ließe sie Vergangenes vergangen sein. Der zweite Fall betrifft Paulus, der indirekt in einen Mord verwickelt war. Dabei brachte er nicht persönlich jemanden um, doch willigte er in den Mord ein, als er die Kleider jener verwahrte, die den Stephanus zu Tode steinigten. Wie im ersten Fall gibt uns die Schrift auch hier keine Auskunft darüber, wie Paulus seine Vergangenheit bewältigte. Wenn uns ein solcher Fall begegnet, sollten wir im allgemeinen das Gewissen des Neubekehrten nicht überbelasten, wenn Gott nicht ganz besonders zu seinem Herzen spricht. In den zwei Fällen, die wir im Neuen Testament aufgezeichnet finden, scheint Gott von der Angelegenheit der Wiedergutmachung der Vergangenheit abzusehen. Gewisse Gläubige jedoch mögen keinen Frieden in ihrem Gewissen haben, da der Heilige Geist in ihnen wirkt. Das ist etwas anderes als gewöhnliche Anklage. Falls sie den betroffenen Familien ihre Reue aussprechen können, sollte man das gewiß nicht verbieten. Es ist aber weder Lehre noch Gebot.

4. Unbeendigte Geschäfte müssen abgeschlossen werden

Wenn jemand zum Glauben kommt, hat er bestimmt noch viele weltliche Geschäfte laufen, die noch nicht beendigt sind. Sie können ihn leicht daran hindern, dem Herrn zu folgen. Welchen Weg zeigt uns die Schrift, um mit diesen Dingen abzuschließen? Als jemand im Neuen Testament zum Herrn kam und sagte: »Herr, erlaube mir, zuvor hinzugehen und meinen Vater zu begraben. Jesus aber sprach zu ihm: Folge mir nach, und laß die Toten ihre Toten begraben« (Matth. 8, 21–22). In Dingen der irdischen Verantwortlichkeiten gebietet uns der Herr: »Folge mir nach, und laß die Toten ihre Toten begraben.«

Es handelt sich hier um einen ungläubigen Vater, der noch lebt. Der Jünger möchte nach Hause gehen, um den Tod und das Begräbnis des Vaters abzuwarten, bevor er kommt, um dem Herrn zu folgen. Doch der Herr tritt ihm mit dem Grundsatz entgegen, er solle die Toten die Toten begraben lassen. Die ersten »Toten« sind die Menschen dieser Welt, die geistlich tot sind. Die zweiten »Toten« sind die leiblich Toten. Der Herr ruft ihn in die Nachfolge; das Begraben soll er den Weltmenschen überlassen. Dies heißt für Neubekehrte keineswegs, sie hätten fortan ihre Pflicht als Sohn – auch beim Begräbnis ihrer Eltern – nicht mehr zu erfüllen; hier sollen wir einen Grundsatz erfassen. Die Leute in der Welt mögen mit all den unbeendeten Geschäften weiterfahren. Wenn wir sie selber abschließen müssen, werden wir möglicherweise keine Zeit finden, um noch Christen zu sein.

Es besteht immer die Möglichkeit, daß der Vater nicht stirbt. Daher müssen wir die Toten die Toten begraben lassen. Das heißt nicht, daß wir uns der Dinge nicht annehmen; es besagt einfach, daß wir uns von solchen Dingen nicht behindern lassen wollen. Wer kann noch Christ sein, wenn er sich zuerst der tausendundein Familienangelegenheiten und des Lebensunterhaltes annehmen muß? Wir wollen nicht warten, bis alle diese Dinge erledigt sind, bevor wir zu Christus kommen. Denn wenn wir das tun, werden wir dem Herrn nie folgen. Wer hätte noch Gelegenheit, an den Herrn zu glauben, wenn er zuvor mit all seinen Geschäften zuende kommen müßte? Laßt diese Dinge der Toten euch nicht fesseln! Wir können sie weglegen, sie zurücklassen wie sie sind, sobald wir dem Herrn zu folgen beginnen.

Die vier oben erwähnten Punkte sind die Hauptgebiete, die uns das Wort heißt abzuschließen. Der Neubekehrte sollte es lernen, mit jedem fertig zu werden.

Noch eine Frage erhebt sich: Wenn die Person, der man Falsches angetan hat, davon nichts weiß, sollte man ihr solche Sünden dennoch bekennen? Die Antwort hängt davon ab, ob materielle Schuld damit verbunden ist. Wenn ja, dann muß das bekannt werden. Am besten geht man zusammen mit der Gemeinde vor. Ich habe dir zum Beispiel einen Schaden von tausend Dollar verursacht. Ich sollte willens sein, dir zu bekennen und zurückzuerstatten. Doch ich muß es auf die Weise tun, die dir am nützlichsten ist. Ein Neubekehrter neigt zu Extremen und kann so vieles verderben. Am besten bringt man die Angelegenheit vor die Gemeinde und läßt sich von erfahrenen Brüdern raten; denn der Neubekehrte kann entweder von übertriebenen Gewissensbissen geplagt werden, oder er kann angesichts der Schwierigkeiten überhaupt davon absehen, etwas zu bereinigen. Was in Erweckungsversammlungen geschieht, kann niemals damit verglichen werden, was in der Gemeinde getan wird. Im ersten Fall muß der Bekehrte sich allein hinauswagen, im letzteren genießt er den Segen der Gemeinschaft der Gemeinde.

Loslassen

»Und es fragte ihn ein Oberster und sprach: Guter Lehrer, was muß ich getan haben, um ewiges Leben zu erben? Jesus aber sprach zu ihm: Was nennst du mich gut? Niemand ist gut, als nur einer, Gott. Die Gebote weißt du: Du sollst nicht ehebrechen; du sollst nicht töten; du sollst nicht stehlen; du sollst nicht falsches Zeugnis geben; ehre deinen Vater und deine Mutter. Er aber sprach: Dies alles habe ich befolgt von meiner Jugend an. Als aber Jesus dies hörte, sprach er zu ihm: Eins fehlt dir noch: verkaufe alles, was du hast und verteile es an die Armen, und du wirst einen Schatz in den Himmeln haben, und komm, folge mir nach! Als er aber dies hörte, wurde er sehr betrübt, denn er war sehr reich. Als aber Jesus sah, daß er sehr betrübt wurde, sprach er: Wie schwer werden die, welche Güter haben, in das Reich Gottes kommen! Denn es ist leichter, daß ein Kamel durch ein Nadelöhr eingehe, als daß ein Reicher in das Reich Gottes komme. Es sprachen aber, die es hörten: Und wer kann dann errettet werden? Er aber sprach: Was bei Menschen unmöglich ist, ist möglich bei Gott. Petrus aber sprach: Siehe, wir haben alles verlassen und sind dir nachgefolgt. Er aber sprach zu ihnen: Wahrlich, ich sage euch: Es ist niemand, der Haus oder Eltern oder Brüder oder Frau oder Kinder verlassen hat um des Reiches Gottes willen, der nicht Vielfältiges empfangen wird in dieser Zeit und in dem kommenden Zeitalter ewiges Leben« (Luk. 18, 18–30).

»Und er ging hinein und zog durch Jericho. Und siehe, da war ein Mann mit Namen Zachäus, und der war ein Oberzöllner und war reich. Und er suchte Jesus zu sehen, wer er sei; und er konnte es nicht vor der Volksmenge, denn er war klein von Gestalt. Und er lief voraus und stieg auf einen Maulbeerfeigenbaum damit er ihn sehe; denn er sollte dort durchkommen. Und als er an den Ort kam, sah Jesus auf und erblickte ihn und sprach zu ihm: Zachäus, steige eilends herab, denn heute muß ich in deinem Haus bleiben. Und er stieg eilends herab und nahm ihn auf mit Freuden. Und als sie es sahen, murrten alle und sagten: Er ist eingekehrt, um bei einem sündigen Mann zu herbergen. Zachäus aber stand und sprach zu dem Herrn: Siehe, Herr, die Hälfte meiner Güter gebe ich den Armen, und wenn ich von jemand etwas durch falsche Anklage genommen habe, so erstatte ich es vierfältig. Jesus aber sprach zu ihm: Heute ist diesem Haus Heil widerfahren, weil auch er ein Sohn Abrahams ist; denn der Sohn des Menschen ist gekommen zu suchen und zu erretten, was verloren ist« (Luk. 19, 1–10).

»Alle Gläubiggewordenen aber waren beisammen und hatten alles gemeinsam; und sie verkauften die Güter und die Habe und verteilten sie an alle, je nachdem einer bedürftig war« (Apg. 2, 44–45).

»Die Menge derer aber, die gläubig geworden, war ein Herz und eine Seele; und auch nicht einer sagte, daß etwas von seiner Habe sein eigen sei, sondern es war ihnen alles gemeinsam. Und mit großer Kraft legten die Apostel das Zeugnis von der Auferstehung des Herrn Jesus ab; und große Gnade war auf ihnen allen. Denn es war auch keiner bedürftig unter ihnen, denn so viele Besitzer von Äckern oder Häusern waren, verkauften sie und brachten den Preis des Verkauften und legten ihn nieder zu den Füßen der Apostel; es wurde aber jedem zugeteilt, so wie einer Bedürfnis hatte« (Apg. 4, 32–35).

»Sammelt euch nicht Schätze auf der Erde, wo Motte und Rost zerstören und wo Diebe durchgraben und stehlen; sammelt euch aber Schätze im Himmel, wo weder Motte noch Rost zerstören und wo Diebe nicht durchgraben noch stehlen; denn wo dein Schatz ist, da wird auch dein Herz sein. Die Lampe des Leibes ist das Auge; wenn nun dein Auge lauter ist, so wird dein ganzer Leib licht sein; wenn aber dein Auge böse ist, so wird dein ganzer Leib finster sein. Wenn nun das Licht, das in dir ist, Finsternis ist, wie groß die Finsternis! Niemand kann zwei Herren dienen; denn entweder wird er den einen hassen und den anderen lieben, oder er wird einem anhangen und den anderen verachten. Ihr könnt nicht Gott dienen und dem Mammon« (Matth. 6, 19–24).

Die Voraussetzung

Um den Neubekehrten behilflich zu sein, in der Bereitschaft zu leben, «alles zu verkaufen», muß es die Gemeinde ihnen vorleben. Es ist für die Jungen äußerst schwierig, wenn ihnen gesagt wird, sie müßten so wandeln, sie aber etwas anderes zu sehen bekommen. Wenn die Gemeinde nicht dem Herrn geweiht ist, hat sie kein Recht über Weihe zu sprechen. Wenn sie nicht von der Welt abgesondert ist, steht es ihr nicht zu von Taufe oder Absonderung zu reden. Wenn die Brüder nicht in der Bereitschaft leben, alles zu verkaufen und dem Herrn zu folgen, wozu soll man dann die jungen Gläubigen eben dazu anhalten? Kinder Gottes müssen selber in der Art und Weise leben, zu der sie anderen verhelfen wollen. Die Möglichkeit ist zwar nicht ausgeschlossen, daß einige der Auserwählten Gottes den Weg der Nachfolge gehen, obwohl die Gemeinde keine solche Stellung einnimmt, doch gewiß wird es den meisten unmöglich sein, mitzuziehen. Wären die meisten unserer Brüder dem Herrn völlig hingegeben, die Neulinge könnten es ihnen viel leichter gleichtun. Wenn aber wir nicht alles hergeben, wie können wir erwarten, daß Anfänger alles auf den Altar les auf den Altar legen? Soll diese Haltung Wirklichkeit werden, muß die örtliche Versammlung in diesem Punkt selber stark sein.

Die Lektion des reichen Jünglings

Wir wollen mit dem Beispiel des reichen Jünglings aus Lukas 18 anfangen. Er war ein Mann mit gutem Benehmen, also keine schlechte Person vor Gott. Er hatte alle Gebote gehalten und dem Herrn Jesus den gebührlichen Respekt erzeigt, indem er ihn einen guten Lehrer nannte; und der Herr Jesus erachtete ihn als durchaus wertvoll, denn nicht oft begegnet man einem solchen Menschen. Wie er ihn ansah, gewann Jesus ihn lieb. Doch der Herr stellt diese Anforderung: Wer ihm zu dienen trachtet, muß vollkommen sein. Beachte, was der Herr sagte: «Wenn du vollkommen sein willst ... Noch eines fehlt dir» (Matth. 19, 21; Luk. 18, 22). Der Herr will also, daß seine Jünger ihm vollkommen folgen und in keinem Stück mangelhaft sind. Menschen können Gott nicht ganz folgen, auch wenn sie neunundneunzig ihrer Probleme gelöst haben, aber noch eines ungelöst ist. Die Nachfolge Gottes erfordert das ganze Wesen. Entweder ganz oder gar nicht.

In der Tat, dieser reiche Jüngling hatte die Gebote von Jugend auf gehalten. Gott zu fürchten war ihm Gewohnheit. Doch eines fehlte ihm noch: Sein Herz hing am Geld. Dem entgegengesetzt hätte er alles verkaufen und den Erlös an die Armen austeilen sollen, dann wäre für ihn der Weg frei gewesen, um dem Herrn mit ganzem Herzen zu dienen.

1. Dem Herrn folgen bedeutet, alles loszulassen

Hast du erkannt, daß man unmöglich dem Herrn folgen kann, wenn man nicht alles losläßt? Dieser fordernde Anspruch muß klar verstanden werden. Nach dem Bericht der Bibel ging der junge Mann betrübt von dannen, als er das hörte, denn er war sehr reich. Nachdem er dem Herrn so nahe gekommen war und eine so klare Sicht hatte, behielt er trotz allem mit seinen Reichtümern auch seine Betrübnis. «Denn eine Wurzel alles Bösen ist die Geldliebe ... und sich selbst mit vielen Schmerzen durchbohrt haben» (1. Tim. 6, 10). Die Menschen mögen Reichtümer ansammeln, doch Glück können sie sich nicht ansammeln. Wie sie sich Reichtümer aufzuhäufen, häufen sie sich Probleme und Nöte auf. Steigt der Reichtum, nehmen auch die Sorgen und Schwierigkeiten zu. Hier haben wir diesen jungen Mann, der seinen Reichtum behielt, aber unfähig war, dem Herrn zu folgen. Trachtest du nach Reichtum, dann brauchst du gar nicht an Nachfolge Jesu zu denken. Reichtum zu behalten bedeutet auch Sorgen zu behalten, denn Reichtum und Sorgen gehen immer Hand in Hand.

Wer Reichtum aufgibt, wird glücklich; doch wer nicht willens ist, sich von ihm zu trennen, bleibt ein trauriger Mensch. Diese Aussage trifft immer zu. Die nach materiellem Gewinn gelüsten, leben in Nöten. Möge der junge Christ sein Glück darin suchen, indem er alles auf die Seite legt und dem Herrn folgt.

Als er den reichen Jüngling betrübt von dannen gehen sah, fügte der Herr hinzu: «Wie schwer werden die, welche Güter haben, in das Reich Gottes kommen!» Anfangs war die Frage gewesen: «Was muß ich getan haben, um ewiges Leben zu erben?» Jetzt geht es darum, wie man in das Reich Gottes eintreten kann. In diesem Zusammenhang fragt nun Petrus: «Und wer kann dann errettet werden?» Errettet werden, ewiges Leben haben und in das Reich Gottes eingehen, diese drei Dinge werden zusammengenommen. Wenn du ewiges Leben haben möchtest, mußt du dich von deiner Geldliebe lossagen, ansonsten du gehindert sein wirst. Denk daran: Ein Reicher (d.h. jemand, der auf Reichtümer vertraut) hat keine Möglichkeit, in das Reich Gottes einzugehen. In der Tat, der Herr würde auch einen solchen retten, wenn er darum bäte. Doch als Geretteter würde er allem entsagen. Wohl wurde er nicht gerettet, indem er sein Vermögen aufgab, wenn er hingegen einmal gerettet ist, wird er ganz natürlich alles loslassen.

Wie es für ein Kamel völlig unmöglich ist, durch ein Nadelöhr zu gehen, ist es für einen auf Reichtum Vertrauenden unmöglich, in das Reich Gottes einzugehen. Wir Christen gleichen alle großen oder kleinen Kamelen. Als Petrus daher diese Worte hörte, erschrak er und fragte: «Und wer kann dann errettet werden?» Schließlich war Petrus ein Bibellehrer. Er kombinierte die Aussage des Herrn an den reichen Jüngling mit dem, was er später hinzufügte und schloß daraus, daß «Reiche» nicht in das Reich Gottes eingehen können, und nur der ewiges Leben haben kann, der alles losläßt. Angesichts dieser Lehre fühlte sich Petrus gar nicht wohl. Wenn ewiges Leben aufgrund von Werken empfangen wird und nicht aus Glauben, wenn also der Reiche alles loslassen muß, um in das Reich Gottes einzugehen, wer kann dann errettet werden? Wer ist fähig zuerst alles loszulassen und dann ewiges Leben zu empfangen? Wer ist schon in der Lage, sich arm zu machen, bevor er errettet werden kann?

2. *Worum es eigentlich geht*

Der Herr Jesus antwortete mit einem Satz, und darin finden wir den springenden Punkt des ganzen Problems. Halten wir uns auch an diese Worte: »Was bei Menschen unmöglich ist, ist möglich bei Gott.« Es ist ganz klar, daß es in dieser Welt etwas Unerhörtes ist, alles aufzugeben, um in das Reich Gottes einzugehen. Der Herr anerkennt, daß es menschlich gesehen unmöglich ist. Der Fehler des reichen Jünglings war nicht seine Unfähigkeit, alles zu verkaufen, sondern sein betrübtes Weggehen. Gott weiß, daß es den Menschen unmöglich ist, alles dahinzugeben und an die Armen auszuteilen. Aber das traurige Weggehen des jungen Mannes zeigte, daß er geschlossen hatte, solches sei auch bei Gott nicht möglich. Natürlich ist es falsch von mir, nicht alles aufzugeben; aber weiß denn nicht der Herr darum? Daher erklärt der Herr: »Was bei den Menschen unmöglich ist, ist möglich bei Gott.« Wie könnte man jemals ein Kamel durch ein Nadelöhr zwängen? Unmöglich! Gleicherweise lieben die Menschen auf dieser Erde alle den Reichtum, und von ihnen zu verlangen, alles zu verkaufen, heißt das Unmögliche verlangen. Wenn ich aber betrübt von dannen gehe, dann handle ich wirklich verkehrt, denn ich habe damit die Macht Gottes beschnitten.

Der reiche Jüngling konnte nicht alles aufgeben, doch Gott kann es vollbringen. Mit anderen Worten, der Herr hätte dem jungen Mann bereitwillig Gnade gegeben, hätte dieser nur geschrien: »Herr, ich kann mein Vermögen nicht aufgeben, aber gib du mir Gnade. Was bei mir unmöglich ist, ist bei dir möglich. Befähige mich zu tun, wozu ich unfähig bin. Herr, ich hange zu sehr an meinem Vermögen, als daß ich es aufgäbe, an die Armen verteilte und dir nachfolgte; aber du kannst mich so machen, wie du mich haben willst.« Sein Fehler war, daß er nicht betete, bat und glaubte. Er hätte nicht betrübt weggehen dürfen. Der Mensch versagt nicht, weil er schwach ist, sondern weil er Gottes Kraft anzunehmen versäumt; nicht weil er unfähig wäre, sondern weil er nicht Gott ihn befähigen läßt. Er kann es nicht tun, doch warum läßt er es sich nicht vom Herrn schenken? Das will der Herr hier betonen. Was bei den Menschen unmöglich ist, ist möglich bei Gott. Unser Herr wollte dem reichen Jüngling zeigen, was Gott tun kann, stattdessen ging dieser mit dem Schluß weg, dies sei ihm nicht möglich. Wir wollen daher erkennen, daß es für uns immer einen Weg gibt. Wenn wir froh alles verlassen können, wie Petrus tat, dann sollten wir Gott dafür danken. Wenn wir aber zögern wie der reiche Jüngling, bleibt uns immer noch ein Weg offen. Wir brauchen nur unser Haupt zu neigen und zu sagen: »Herr ich kann es nicht«, und er wird es für uns tun.

3. Ein Christ muß absolut sein

Als Petrus hörte, was der Herr sagte, fragte er: «Siehe, wir haben alles verlassen und sind dir nachgefolgt», als wollte er damit sagen: «Was wird uns nun werden?» Es ist gut, alles zu verlassen, denn er antwortet: «Es ist niemand, der Haus oder Eltern oder Brüder oder Frau oder Kinder verlassen hat um des Reiches Gottes willen, der nicht Vielfältiges empfangen wird in dieser Zeit und in dem kommenden Zeitalter ewiges Leben.» Er wünscht, daß wir ihm folgen und alles um seinet- und um des Evangeliums willen loslassen. Dies zeigt klar die unbedingte Notwendigkeit für einen Christen, alles loszulassen und dem Herrn nachzufolgen.

Junge Gläubige müssen wissen, daß sie dem Herrn nicht folgen können, ohne alles losgelassen zu haben. Die zwölf Apostel sind hierzu ein gutes Beispiel. Als sie vom Herrn berufen wurden, ließen sie willig und ohne Verzug ihre Boote, Netze, ihr alles zurück und folgten ihm. Ohne zu zögern gaben sie es auf. Wie danken wir doch Gott für neue Gläubige wie diese. Aber wenn auch einige nur widerstrebend alles loslassen wollen, so wird ihnen doch ein Weg gezeigt, um dem Herrn zu folgen. Bei Menschen ist dies unmöglich, doch bei Gott sind alle Dinge möglich. Rufen wir uns in Erinnerung: Von dreizehn, die berufen wurden, folgten elf begierig, einer gab vor zu folgen, und einer zögerte. Der vorgab war Judas, der Zögernde war der reiche Jüngling. Wenn das Wort des Herrn verkündigt wird, stelle dir nicht etwa vor, daß von allen, die dem Ruf des Herrn folgen, nur einer echt folgen würde. Nein, die Bibel sagt uns, daß es nur einer war, der davor zurückschreckte. Wenn die ganze Gemeinde den Weg geht, brauchen wir uns nicht davor zu fürchten, es gäbe zu viele reiche Jünglinge. Solche Leute gibt es tatsächlich doch trifft man sie nur hie und da an. Von den dreizehn waren elf völlig entschieden.

Die Lektion des Zachäus

Zachäus war ein Jude, doch arbeitete er für die römische Regierung. In jüdischen Augen war er ein Verräter, weil er mit dem römischen Reich zusammenarbeitete. Er half dem Römerreich, von seinem eigenen Volk Steuern zu erheben. Zudem war er ein Sünder. Er hatte keinen guten Charakter wie der reiche Jüngling, der von Jugend an die Gebote gehalten hatte. Wie die übrigen Zöllner war er habsüchtig und entzog den Leuten soviel Geld wie nur möglich. Er hatte seinen schlechten Ruf verdient. Doch der Herr Jesus kam vorüber. Groß ist seine Macht, Menschen an sich zu ziehen. »Niemand kann zu mir kommen, wenn nicht der Vater, der mich gesandt hat, ihn zieht« (Joh. 6, 44). Dieser Zöllner wurde also durch Gott zu seinem Sohn gezogen. Wegen seines kleinen Wuchses erstieg Zachäus einen Baum, um Jesus zu sehen. Der Herr sah ihn an, hielt ihm aber keine Predigt. Er sagte ihm nicht: »Du mußt Buße tun und deine Sünden bekennen«, noch tadelte er ihn wegen seiner Habsucht oder seinen unlauteren Geschäften, noch verlangte er von ihm, er müsse alles verkaufen, den Armen geben und ihm nachfolgen. Er hielt keine Predigt, sondern sagte lediglich einige Worte: »Zachäus, steige eilends herab, denn heute muß ich in deinem Haus bleiben.« Kein einziges Wort der Ermahnung. Wie eigenartig, daß der Herr nicht ein Wort über die Wahrheit der Wiedergeburt, wie in Johannes, Kapitel 3, erwähnte, oder vom lebendigen Wasser wie in Kapitel 4, oder vom Licht, wie in Kapitel 8, oder vom Weizenkorn, wie in Kapitel 12. Auch sprach er nicht über den christlichen Wandel, wie in Matthäus, Kapitel 5 bis 7. Er predigte nicht noch ermahnte er. Es war nur eine persönliche Fühlungnahme, eine private Begegnung. Einem Herzen, das den Herrn begehrte, begegnete der Herr, der ihn erwählte. Zachäus wußte nichts von irgendwelcher Lehre.

Die Dabeistehenden begannen damals zu murren. Sie dachten, es sei höchst ungerecht von Jesus von Nazareth, gerade bei einem solchen Sünder einzukehren. Sie kannten alle den Zachäus. Sobald sie hörten, was der Herr gesagt hatte, waren sie beleidigt. Beachte, worauf hier die Betonung liegt. Der Herr predigte keine Lehren, sondern sagte einfach: »Ich muß in deinem Hause bleiben.« Dieses schlichte Wort war jedoch genug. Eigentlich war er noch nicht einmal in Zachäus' Haus gekommen. Er schlug nur sein Kommen vor. Doch das genügte. Wo immer der Herr ist, weicht die Liebe zum Geld. Wenn er kommt, werden all diese Probleme gelöst. Sein bloßer Wunsch, in das Haus des Zachäus zu kommen, war so wirksam, als wäre er bereits da. Die schlichte Aussage: »Ich muß in deinem Hause bleiben«, ließ den Zachäus zusammenbrechen, denn er stand hin und erklärte: »Siehe, Herr, die Hälfte meiner Güter gebe ich den Armen, und wenn ich von jemand etwas durch falsche Anklage genommen habe, so erstatte ich es vierfältig.«

Der reiche Jüngling wurde vom Herrn ermahnt, doch versäumte er zu gehorchen. Zachäus wurde nicht einmal überredet, und doch ging er völlig dem Wunsch des Herrn nach. Beide waren reich, im allgemeinen nimmt mit dem Alter der Hang zum Geld zu. Hier war es jedoch der Ältere, der sein Geld fahren ließ. Der reiche Jüngling steht für »unmöglich bei den Menschen«, während Zachäus dem »möglich bei Gott« entspricht. Alles zu verkaufen, um dem Herrn nachzufolgen, ist keine Kleinigkeit, denn wer gibt schon gerne sein Vermögen auf? Es sei denn, daß jemand verrückt geworden ist. Kein Mensch trennt sich gerne von seinem ganzen Reichtum auf einmal. Die Geschichte des Zachäus veranschaulicht deutlich, daß Dinge, die uns unmöglich sind, Gott möglich sind. Zachäus entsprach dem Wunsch des Herrn, ohne zuvor eine Lehre gehört und aufgenommen zu haben. Das zeigt uns, wie gut dies möglich ist.

Ein Kamel schlüpft durchs Nadelöhr

Wenn Gott am Werk ist, schlüpft das Kamel durchs Nadelöhr. In Lukas 18 geht das Kamel zögernd um das Nadelöhr herum und versäumt es hindurchzugehen. Aber in Lukas 19 schlüpft dieses Kamel flink durchs Nadelöhr. Kapitel 18 zeigt uns, daß es bei den Menschen unmöglich ist; Kapitel 19 belehrt uns, daß bei Gott alle Dinge möglich sind. Für die Welt bedeutet es Torheit, alles zu verkaufen, aber für jene, die zum Herrn aufschauen, kann dies schnell getan werden.

Wie konnte Zachäus es tun? Weil er erstens ein Sohn Abrahams war und weil zweitens an jenem Tage seinem Hause Heil widerfahren war. Er tat es – nicht weil er selber dazu fähig war, noch weil er in seinem Herzen geschrien, gebetet und über all das, was der Herr gesagt, nachgedacht und schließlich mit Zähneknirschen nachgegeben hatte. Er legte nicht heute ein wenig und dann morgen ein wenig mehr hin, bis er endlich gezwungen war, alles hinzulegen. Er tat es weder durch festen Entschluß, noch durch Kämpfen, noch durch Überlegen. Wie konnte er denn sein ganzes Haus auf solche Weise aufgeben? Hatte er denn nicht jahrzehntelang gesammelt, sich vielen Gefahren ausgesetzt und einen schlechten Ruf in Kauf genommen, um sein Haus zu bauen? Aber jetzt zerschlug er dies alles freiwillig – weil seinem Hause Heil widerfahren war. Er rettete sich nicht selber; der Herr war es, der ihn rettete.

Wenn Heil in ein Haus kommt, dann kommt auch die Kraft des Herrn dorthin. Lies die beiden Stellen miteinander, in denen das Haus des Zachäus erwähnt wird: »Heute muß ich in deinem Hause bleiben«, und »Heute ist diesem Hause Heil widerfahren«. Es ist klar, daß der Herr das Heil ist. Wenn der Herr in unser Haus kommt, so widerfährt uns Heil. Wenn der Herr kommt, kommt Heil und Kraft. »Denn der Sohn des Menschen ist gekommen, zu suchen und zu erretten, was verloren ist« (Luk. 19, 10). In der Christenheit ist das ein wohlbekannter Vers. Der Sohn des Menschen kam, um eines zu tun: jene zu suchen, die im Vermögen verloren sind. Alle, die Geld lieben, sind verlorene Menschen. Heute sucht der Herr solche Verlorene. Er fand Zachäus, wie er auch uns fand. Wir waren einst verloren, doch jetzt hat der Herr uns gefunden. Daher können auch unsere Probleme gelöst werden. Das Geld wird die Macht über uns verlieren.

Gottes Weg für unsere Zeit

Beachte das 18. und 19. Kapitel in Lukas. In dem einen wird der reiche Jüngling vom Herrn aufgefordert, alles zu verkaufen, doch geht er betrübt seines Weges; am anderen gibt Zachäus alles auf, ohne auch nur darum gebeten worden zu sein. In seinen Tagen hier auf der Erde verlangte der Herr von den Menschen, alles aufzugeben, um ihm nachzufolgen. Kurz nach ihrer Gründung tat die Gemeinde dasselbe. Wir lesen wie in Apostelgeschichte 2 und 4 im Anfang der Gemeinde die Gläubigen alle Dinge gemein hatten; keiner von ihnen sagte, daß etwas von seiner Habe sein eigen wäre. Die Hand des Herrn war auf allen, die gerettet waren. Als sie ewiges Leben erhalten hatten, begannen ihre Besitztümer ihren Griff zu verlieren, so daß sie in einer natürlichen Art ihre Häuser und ihre Habe zu verkaufen begannen.

Indem wir dieses Prinzip auf uns anwenden, die wir heute in die Nachfolge des Herrn treten, sollte es ganz natürlich sein, daß auch unsere vielen Besitztümer von ihm berührt werden. Unsere Haltung sollte sich so verändern, daß wir unsere Habe nicht mehr als unsere eigene betrachten. Dann wird niemand mehr sagen, dieses oder jenes gehöre ihm. Niemand wird etwas noch als sein besonderes Eigentum beanspruchen. Was immer vorhanden ist, du darfst es genausogut verwenden wie ich auch. Wieviel Geld auch immer in meiner Tasche sein mag, es könnte genausogut in deine Tasche gesteckt werden. Welches auch meine Kleider seien, du magst sie auch tragen. Eine solche Haltung müssen wir gegenüber Besitztümern haben. Ich möchte dir etwas aus meinem eigenen Leben erzählen, das dir wie ein Scherz klingen mag. Seit beinahe zwanzig Jahren pflege ich die Gewohnheit, alles im Dutzend oder Halbdutzend zu kaufen, was ich brauche. Gewisse Brüder fragen sich, warum ich soviel kaufe. Ich brauche zum Beispiel eine Sonnenbrille. »Oh Gott, wenn du mir wirklich eine Sonnenbrille geben willst, dann mußt du mir sechs Brillen geben.« Warum? Weil ich beim Tragen der Sonnenbrille größeren Frieden habe, nachdem ich fünf Paar an Brüder weggegeben habe. Rasierer kaufe ich meistens im Dutzend, Rasierklingen im Gros. Warum mache ich das so? Wenn ich bloß einen Rasierer kaufen würde, dann wäre der auschließlich für meinen Gebrauch bestimmt. Ich kann natürlich nicht jedem einzelnen von tausend oder zweitausend Brüdern einen Rasierer geben, doch gibt es der ganzen Sache einen anderen Geschmack, wenn ich einigen Brüdern auch einen gebe, bevor ich meinen verwende. Sonst würde ich das Gefühl haben, dieser Rasierer gehöre ausschließlich mir. Ich denke, daß meine langjährigen Geschwister um diese meine Gewohnheit wissen. Üblicherweise kaufe ich gleich im Dutzend statt einzeln ein, obwohl ich nur ein Stück verwende. Auf solche Weise werden wir von Gegenständen befreit.

Der Grundsatz von »alles gemein« haben

Wir wollen nicht zu sehr an Sachen festhalten. Vielleicht will der Herr nicht, daß ich dieses mein Kleidungsstück für immer besitze; vielleicht sollte ich es morgen an jemanden weggeben. Daher ist es besser, daß ich zwei oder drei Kleidungsstücke mache, anstatt nur eines. Das ist die Linie, die wir einhalten sollten. Jedesmal, wenn wir etwas kaufen, wollen wir an andere denken. Gewiß dürfen wir Neues kaufen, doch der Geschmack des »alles gemein haben« sollte immer vorhanden sein. Ich spreche nicht von einem besonderen Ding oder einer besonderen Handlung; ich betone lediglich den besonderen Grundsatz. Wir sollten nie nur an uns selbst denken, sondern immer den Grundsatz befolgen, alle Dinge gemein zu haben.

Welches ist denn die Lektion, die Gott uns beibringen will? Erstens wollen wir es lernen, nicht in dieser Welt verwurzelt zu sein, sondern alle Dinge nur locker festhalten. Es ist keine kleine Sache, von den Gütern der Welt befreit zu werden. Wie geizig sind doch die Leute dieser Welt und wie zahlreich die kleinlichen Menschen! Für große wie für kleine Dinge verschließen sie ihre Hand. Sie sind in allen Belangen so knauserig.

Je mehr wir das zweite und vierte Kapitel der Apostelgeschichte lesen, desto mehr werden wir von der Tatsache überzeugt, daß wir an nichts hangen, sondern vielmehr alle Habe gemein haben sollten. Gotteskinder müssen anderen Gotteskindern gegenüber großzügig sein. Ob wir nun tatsächlich unsere Habe verkaufen und an die Armen verteilen oder nicht, die Einstellung bleibt dieselbe. Wir müssen willens sein, mit andern zu teilen. Wir wollen an nichts festhalten, sei es auch etwas so Geringes, wie ein Messer oder ein Schreibgerät. Wir müssen alles fahren lassen. Wenn wir hier gehorchen, wird Gott es nicht zulassen, daß wir deswegen weniger haben; er wird uns im Gegenteil noch mehr geben. Dies ist also das Beispiel der Urgemeinde. Am Anfang sagten die zwölf Jünger dem Herrn: »Wir haben alles verlassen und sind dir nachgefolgt.« An Pfingsten, in der ersten Erweckung, taten die Dreitausend und dann auch die Fünftausend ganz natürlich dasselbe. Zuerst waren es die Zwölf, die alles verließen und dem Herrn folgten, ohne darüber belehrt worden zu sein. Der Herr sagte ihnen nicht, sie müßten alles verkaufen. Er sagte lediglich: »Kommet mir nach« (Matth. 4, 19). Alles zurücklassend folgten sie dem Ruf. Gleicherweise hielten die Apostel die Dreitausend und die Fünftausend nicht dazu an, ihre Habe zu verkaufen. Diese Gläubigen taten das ganz spontan. Das hat die Gemeinde die Jahrhunderte hindurch praktiziert, und das müssen auch wir heute tun. Es wäre tragisch, würde eine solche Praktik aufgegeben.

Gott oder Mammon

Wir wollen uns Matthäus 6 zuwenden, wo es heißt, man könne nur einem Meister dienen. Wir können nicht Gott und Mammon dienen. Mammon (oder Reichtümer) ist ein Götze, dem viele die vergangenen Jahre gedient haben. Solcher Dienst legt einen festen Griff ums Herz. Wenn wir uns anschicken, Gott zu dienen, müssen wir zwischen Gott und Mammon wählen. Wir können nicht beiden dienen. Was sagt der Herr? »Denn wo dein Schatz ist, da wird auch dein Herz sein« (Matth. 6, 21). Einmal sagte mir ein Bruder: »Mein Schatz ist auf der Erde, aber mein Herz ist im Himmel.« Ein solcher Bruder sollte in einem christlichen Museum als Rarität ausgestellt werden! Der Herr sagt, es könne so nicht sein, doch er erfindet einen Weg, der es ermöglicht. Ist das nicht noch mehr als ein Wunder? Das Wort des Herrn jedoch ist fest und gewiß. Das Herz des Menschen folgt immer seinem Schatz. Dem kann man nicht entrinnen. Daran ändert alle Vernunft oder Einsicht nichts: Eines Menschen Herz folgt seinem Schatz.

»Sammelt euch nicht Schätze auf der Erde« (Matth. 6, 19). Wenn du es trotzdem tust, wirst du letzten Endes nicht Gott, sondern dem Mammon dienen. Du kannst nicht Gott und dem Mammon dienen. Du mußt dich für diesen oder jenen entscheiden. Welch Unglück wäre es, Mammon zu wählen, denn dessen Schätze sind Motten, Rost und Dieben ausgesetzt. Wir wollen daher lernen, Gott zu dienen. Geben wir alles Gott, was wir besitzen, und führen wir hier auf der Erde das einfachste und schlichteste Leben.

Weihe

»Gleicherweise sollst du den Söhnen Aarons Leibröcke, Gürtel und Kopfbünde machen zur Ehre und zur Zierde. Und sollst sie deinem Bruder Aaron samt einen Söhnen anlegen, und sie salben und ihre Hände füllen und sie weihen, daß sie meine Priester seien. Und sollst ihnen leinene Beinkleider machen, die Blöße zu bedecken, von den Lenden bis an die Hüften. Und Aaron und seine Söhne sollen sie tragen, wenn sie in die Stiftshütte gehen oder zum Altar treten, zum Dienst am Heiligtum, damit sie keine Schuld auf sich laden und nicht sterben müssen. Das sei eine ewige Ordnung für ihn und seinen Samen nach ihm« (2. Mose 28, 40–43).

»Er brachte auch den Widder herzu zum Brandopfer. Und Aaron und seine Söhne stützten ihre Hände auf des Widders Kopf. Und Mose schächtete ihn und sprengte das Blut ringsum an den Altar und zerlegte den Widder in seine Stücke, und Mose verbrannte den Kopf, die Stücke und das Fett, und wusch die Eingeweide und die Schenkel mit Wasser; also verbrannte Mose den ganzen Widder auf dem Altar. Das war ein Brandopfer zum lieblichen Geruch, ein Feueropfer dem Herrn, wie der Herr Mose geboten hatte. Er brachte auch den andern Widder herzu, den Widder des Einweihungsopfers. Und Aaron und seine Söhne stützten ihre Hände auf des Widders Kopf. Mose aber schächtete ihn und nahm von seinem Blut und tat es Aaron auf sein rechtes Ohrläpplein und auf den Daumen seiner rechten Hand und auf die große Zehe seines rechten Fußes, und er brachte auch Aarons Söhne herzu und tat von dem Blut auf ihr rechtes Ohrläpplein und auf den Daumen ihrer rechten Hand und auf die große Zehe ihres rechten Fußes und sprengte das Blut ringsum an den Altar. Und er nahm das Fett und den Fettschwanz und alles Fett am Eingeweide und was über die Leber hervorragt und die beiden Nieren mit dem Fett daran und die rechte Keule; dazu nahm er aus dem Korbe mit dem ungesäuerten Brot vor dem Herrn einen ungesäuerten Kuchen und einen Brotkuchen mit Öl und einen Fladen und legte es auf die Fettstücke und auf die rechte Keule, und legte das alles auf die Hände Aarons und auf die Hände seiner Söhne und webte es zum Webopfer vor dem Herrn. Danach nahm Mose das alles wieder von ihren Händen und verbrannte es auf dem Altar über dem Brandopfer. Das war das Einweihungsopfer zum lieblichen Geruch, ein Feueropfer dem Herrn« (3. Mose 8, 18–28).

»Stellt auch nicht eure Glieder der Sünde zur Verfügung als Werkzeuge der Ungerechtigkeit, sondern stellt euch selbst Gott zur Verfügung als Lebende aus den Toten und eure Glieder Gott zu Werkzeugen der Gerechtigkeit.«

»Wißt ihr nicht, daß, wem ihr euch zur Verfügung stellt als Sklaven zum Gehorsam, ihr dessen Sklaven seid, dem ihr gehorcht? Entweder Sklaven der Sünde zum Tod oder Sklaven des Gehorsams zur Gerechtigkeit?« »Ich rede menschlich, wegen der Schwachheit eures Fleisches. Denn wie ihr eure Glieder als Sklaven der Unreinheit und der Gesetzlosigkeit zur Verfügung gestellt habt, so stellt jetzt eure Glieder zur Verfügung als Sklaven der Gerechtigkeit zur Heiligkeit« (Röm. 6, 13. 16. 19).

»Ich ermahne euch nun, Brüder, durch die Erbarmungen Gottes, eure Leiber darzustellen als ein lebendiges, heiliges, Gott wohlgefälliges Opfer, was euer vernünftiger Gottesdienst ist. Und seid nicht gleichförmig dieser Welt, sondern werdet verwandelt durch die Erneuerung des Sinnes, daß ihr prüfen mögt, was der Wille Gottes ist: das Gute und Wohlgefällige und Vollkommene. Denn ich sage durch die Gnade, die mir gegeben wurde, jedem, der unter euch ist, nicht höher von sich zu denken, als zu denken sich gebührt, sondern darauf bedacht zu sein, daß er besonnen sei, wie Gott einem jeden das Maß des Glaubens zugeteilt hat« (Röm. 12, 1–3).

»Oder wißt ihr nicht, daß euer Leib ein Tempel des Heiligen Geistes in euch ist, den ihr von Gott habt, und daß ihr nicht euch selbst gehört? Denn ihr seid um einen Preis erkauft worden; verherrlicht nun Gott mit euerem Leib« (1. Kor. 6, 19–20).

»Denn die Liebe Christi drängt uns, da wir zu diesem Urteil gekommen sind, daß einer für alle gestorben ist und somit alle gestorben sind. Und für alle ist er gestorben, damit die, welche leben, nicht mehr sich selbst leben, sondern dem, der für sie gestorben und auferweckt worden ist« (2. Kor. 5, 14–15).

Damit der Neubekehrte weiter erbaut werden kann, muß zuerst das Problem der Weihe gelöst werden. Ob er diese Lektion gut aufnehmen kann oder nicht, hängt wiederum weitgehend davon ab, wie gründlich er sich bekehrt hatte. Wenn das Evangelium nicht gut verkündigt wurde, mag jemand das Gefühl haben, er täte Gott einen Gefallen, indem er zu ihm kommt. Wenn eine solche Persönlichkeit wie er Christ wird, so bringt das dem Christentum viel Ehre. Solange er unter solchen Illusionen steht, wie kann man da zu ihm über Weihe sprechen? Sogar eine Königin muß so weit geführt werden, bis sie freudig ihre Krone dem Herrn zu Füßen legt. Wir müssen alle erkennen, daß uns vom Herrn Gunst widerfahren ist, indem er uns geliebt und errettet hat. Erst wenn wir das sehen, können wir bereitwillig alles niederlegen.

Die Lehre der Weihe jedoch ist eine der schwierigsten der ganzen Bibel. Die Lehren der Heiligung, der Gerechtigkeit und der Rechtfertigung sind alle im Wort Gottes klar umschrieben. Doch die Lehre der Weihe scheint nur vage zum Ausdruck zu kommen. Beinahe zweitausend Jahre sind verflossen, und das Thema der Weihe muß noch bewältigt werden.

Das Wort Gottes äußert sich selten direkt zum Thema Weihe. Im Neuen Testament finden wir es in Römer 6 und 12; im Alten Testament in 2. Mose 28 und 29 und 3. Mose 8. Das Neue Testament spricht davon, wie wir unsere Leiber und deren Glieder Gott darstellen sollen, während das Alte Testament ausschließlich die Absonderung Aarons und seiner Familie zum heiligen Dienst behandelt. Dies sind die einzigen Abschnitte in der ganzen Bibel, in denen Weihe unmittelbar erwähnt wird. Wir wissen nicht, warum das Wort Gottes so wenig über diese erste christliche Erfahrung im Dienst spricht. Um so unerläßlicher ist es für uns, das wenige an direkter Lehre der Bibel zu verstehen.

Die Grundlagen zur Weihe

Wir wollen zuerst im Neuen Testament nachforschen. Durch die Liebe werden die Kinder Gottes gedrängt, dem Herrn zu leben, der für sie starb und wieder auferweckt wurde (2. Kor. 5, 14). Das Wort »gedrängt« bedeutet festgehalten oder umschlungen zu werden; so umgeben zu sein, daß man nicht entweichen kann. Wer durch die Liebe bewegt wird, verspürt das. Die Liebe bindet ihn, so daß er nicht anders handeln kann.

Daher ist Liebe die Grundlage zur Weihe. Niemand kann sich dem Herrn weihen, ohne die Liebe des Herrn zu verspüren. Er muß die Liebe des Herrn erkennen, bevor er je sein Leben weihen kann. Es ist nutzlos von Weihe zu sprechen, wenn die Liebe des Herrn nicht gesehen wird. Wenn man sie aber erkannt hat, wird Weihe die unausbleibliche Folge sein.

Die Weihe gründet sich aber auch auf Recht oder göttlichem Anspruch. Das ist die Wahrheit, die wir in 1. Korinther 6, 19–20 finden: »Oder wißt ihr nicht, daß euer Leib ein Tempel des Heiligen Geistes in euch ist, den ihr von Gott habt, und daß ihr nicht euch selbst gehört? Denn ihr seid um einen Preis erkauft worden; verherrlichet nun Gott mit eurem Leib.« Unter Christen mag heute die Tatsache, daß wir um einen Preis erkauft sind, nicht völlig verstanden werden. Doch den Korinthern aus der Zeit des Römerreiches war dies völlig klar. In jenen Tagen gab es Märkte, in denen Menschen gehandelt wurden. Wie man auf den Markt gehen und Hühner oder Enten kaufen konnte, so konnte man dort auch Menschen erhandeln. Der einzige Unterschied lag darin, daß die Lebensmittelpreise mehr oder weniger fest waren, während die Menschen versteigert wurden. Wer den höchsten Preis bot, erhielt die Seele; und wer den Sklaven einmal besaß, hatte auch vollständige Verfügungsgewalt über ihn. Paulus gebraucht dieses Bild, um uns zu zeigen, was unser Herr für uns getan hat; wie er sein Leben als Lösegeld gab, um uns für Gott zurückzukaufen. Der Herr bezahlte einen hohen Preis: sein eigenes Leben. Und heute geben wir wegen dieses Erlösungswerkes gerne unsere Rechte auf und legen unsere Eigenherrschaft nieder. Wir gehören nicht mehr uns selbst, denn wir sind des Herrn, und daher müssen wir Gott an unserem Leibe verherrlichen. Wir sind um einen Preis erkauft worden – nämlich um das Blut des Kreuzes. Als Erkaufte werden wir aufgrund göttlichen Anspruchs zu seinem rechtlichen Eigentum.

Einerseits erwählen wir es aus Liebe, ihm zu dienen; anderseits gehören wir ganz rechtmäßig nicht mehr uns selbst. Wir können nicht anders – wir müssen ihm folgen. Kraft seines Rechts als Erlöser sind wir sein; und durch die Liebe, welche die Erlösung in uns erzeugt, müssen wir für ihn leben. Die eine Grundlage zur Weihe ist gesetzmäßiger, gerechter Anspruch; die andere Grundlage ist beantwortende Liebe. So gründet sich die Weihe also auf einer Liebe, die menschliche Gefühle übersteigt, und auf legalem Anrecht. Darum können wir nicht anders, als dem Herrn gehören.

Junge Gläubige sollten das gründlich begreifen. Du bist vom Herrn zurückgekauft worden. Du bist gleich einem Sklaven, den der Herr mit dem höchsten Angebot gekauft hat. Daher kommt es für dich gar nicht in Frage, eine unabhängige Person zu sein. Christus, der Sohn Gottes, hat dich nicht mit Silber und Gold, sondern mit seinem kostbaren Blut erkauft. Hierin ist Liebe; sie sollte die Jungen drängen, von jetzt an nicht mehr sich selbst zu leben.

Die wahre Bedeutung der Weihe

Weder das Drängen der Liebe noch das Erkennen der Anrechte des Herrn bedeutet rechte Weihe. Nachdem jemand durch die Liebe gedrängt worden ist und den Anspruch des Herrn erkannt hat, braucht er dazu noch etwas zu tun. Dieser zusätzliche Schritt führt ihn hinein in die Weihe. Gedrängt durch die Liebe des Herrn und im Wissen, daß er erkauft worden ist, sondert sich jemand ruhig von allem ab, um ganz dem Herrn zu gehören. Das ist die Weihe, wie sie das Alte Testament beschreibt. Es ist die Annahme eines heiligen Amtes – des Amtes, dem Herrn zu dienen. »O Herr, da du mich so liebhast, was kann ich anderes tun, als mich von allem abzusondern, auf daß ich dir diene? Von jetzt an darf niemand mehr meine Hände, Füße, meinen Mund oder meine Ohren brauchen, denn diese meine Hände sind dazu da, dein Werk zu tun, meine beiden Füße, um auf deinen Wegen zu wandeln, mein Mund um dein Lob zu singen und meine Ohren, um auf deine Stimme zu horchen.« Das ist Weihe. Angenommen, du hättest einen Sklaven gekauft und bringst ihn nach Hause. An deiner Haustüre kniet er vor dir nieder, huldigt dir und sagt: »Meister, du hast mich gekauft. Jetzt will ich gerne auf deine Worte merken.« Daß du ihn gekauft hast, ist eine Sache, doch daß er vor dir hinkniet und seinen Wunsch zum Ausdruck bringt, dir zu dienen, ist eine andere. Weil du ihn gekauft hast, anerkennt er dein Anrecht. Aber da du ihn geliebt hast, obwohl er ein solcher Mensch ist, wünscht er, völlig dein zu sein. Das allein bedeutet Weihe. Weihe ist mehr als erkauft und geliebt sein: Es ist das Handeln, welches auf dieses Erkauft- und Geliebtsein folgt. Von diesem Augenblick an ist der Gläubige von allem in dieser Welt und von allen früheren Herren abgesondert. Er will nur noch das tun, was ihm sein Meister aufträgt. Er schränkt sich selbst ein und lebt nur noch für die Geschäfte dieses einen Meisters. Das bedeutet Weihe.

Die Geweihten

Wir wollen uns jetzt 2. Mose 28 und 29 und 3. Mose 8, 18–28 zuwenden. Wenn wir diese Abschnitte lesen, fällt uns sogleich auf, daß Weihe etwas sehr Besonderes ist. Es gibt so viele Menschen in dieser Welt, und doch ist niemand fähig, sich dem Herrn zu weihen. Das ganze Volk Israel war von Gott auserwählt, aber nicht das ganze Volk wurde zu einem geweihten Volk. Nicht alle zwölf Stämme Israels konnten zu dieser Weihe gelangen, nur der Stamm Levi war dazu ersehen. Nicht einmal der ganze Stamm Levi wurde geweiht; eine Familie allein, die Familie Aarons, wurde geweiht.

Weihe ist daher keine Angelegenheit der Welt noch des auserwählten Volkes, weder der zwölf Stämme noch der Leviten, sie betrifft ausschließlich eine Familie. Wenn man nicht zu dieser Familie gehört, kann man sich keineswegs dem Herrn weihen. Nur die Glieder jener Familie, des Hauses Aaron, konnten Priester werden.

Gelobt sei Gott, heute gehören wir dieser Familie an, denn alle, die an den Herrn glauben, gehören diesem Haus an (vgl. Offb. 1, 5–6). Heute sind *alle* Erlösten Priester, von Gott erwählte Priester. Früher wurden nur die Glieder des Hauses Aaron geweiht; jeder Außenstehende, der es wagte einzudringen, wurde sogleich ausgerottet. Und auch heute, denk daran, können nur die Auserwählten Gottes geweiht werden. Aber gedankt sei Gott, heute gehören wir dieser Familie an, denn Gott hat uns dazu ersehen, Priester zu sein.

Eines ist klar: Nicht Menschen erwählen, sich Gott zu weihen; es ist Gott, der Menschen dazu auserwählt, ihm Geweihte zu sein. Alle, die meinen, sie täten Gott große Ehre an, wenn sie alles verlassen, um ihm zu dienen, wissen nichts von Weihe. Sie mögen auf der Stelle umkehren, denn sie gehören nicht zu den Auserwählten. Niemand ist ein Auserwählter, der Gott durch seinen Dienst einen Gefallen zu tun glaubt. Wer kann sich absondern, um Gottes Werk zu tun? Gott ehrt uns darin, daß wir an dem Werk teilhaben dürfen, das er allein ausführen kann. Er ist es, der uns Herrlichkeit und Schönheit verleiht. Die Priester des Alten Testaments trugen zwei Gewänder: eines für Herrlichkeit und eines für Schönheit. Bei der Weihe kleidet uns Gott mit Herrlichkeit und mit Schönheit. Gott sucht uns aus, ihm zu dienen. Laßt uns rühmend bekennen, welch einen Herrn wir haben! Das bedeutet Weihe.

Mögen wir erkennen, daß Weihe dies bedeutet, wir wurden zu der Ehre ersehen, Gott dienen zu dürfen. Weihe heißt: Gott verleiht uns Herrlichkeit. Wir sollten auf die Knie fallen und beten: »Gott sei gepriesen, daß ich an seinem Dienst teilhaben darf. Wie viele

Dinge gibt es in der Welt, doch ich genieße das Vorrecht, daran teilnehmen zu dürfen.« In der Weihe werden wir erhöht, wir bringen nicht ein Opfer. In der Tat bringen wir ein Opfer, doch das Bewußtsein davon ist nicht vorhanden. Weihe verlangt das höchste Opfer, doch ist sie erfüllt mit dem Empfinden von Herrlichkeit, nicht von Opfer.

Der Weg zur Weihe

Schau dir 3. Mose 8 näher an. Vier Dinge müssen geopfert werden: ein Farren als Sündopfer, zwei Widder – einer als Brandopfer, der andere zur Einweihung – und ein Korb mit ungesäuertem Brot als Webopfer.

Welch klares Bild des Weges zur Weihe! Wer sich Gott weihen will, dem stellt sich als erstes Problem die Frage nach der Sühnung. Die Angelegenheit der Sühnung ist eine große Sache, daher braucht es ein großes Tier, einen Farren, um dieses Problem zu lösen. Wer immer sich weihen will, muß ein Erretteter sein, er muß dem Herrn gehören. Da dies die Grundlage der Weihe ist, braucht es ein gewaltiges Werk und daher auch ein großes Opfer – wie das des Farren –, um es zu vollbringen.

Darauf folgen die zwei Widder: einer als Brandopfer, um verbrannt zu werden, der andere als Einweihungs- oder Weiheopfer, welches es Aaron ermöglichte, fortan Gott zu dienen. Ein Brandopfer muß völlig verbrannt werden, und die Priester dürfen von seinem Fleisch nichts essen. Es geht also einen Schritt weiter als das Sündopfer. Das Sündopfer löst nur das Problem unserer Sünde, aber das Brandopfer macht uns vor Gott angenehm. Der Herr Jesus trug unsere Sünden am Kreuz; das ist das sühnende Werk des Herrn. Mit seinem Tod zerriß er den Vorhang im Tempel, er zerriß ihn von oben bis unten, auf daß er uns ins Allerheiligste führte – das ist das Brandopfer. Beide Opfer beginnen am gleichen Ort; beide beginnen mit Sündern. Aber das Sündopfer tut bloß Sühnung für unsere Sünden, während das Brandopfer uns zu Gott führt und uns vor ihm angenehm macht. Das Brandopfer macht uns also angenehm in dem Geliebten. Es geht weiter als das Sündopfer, denn es spricht vom Wohlgeruch des Herrn Jesus vor Gott und somit von seiner Annahme durch den Vater. Auch heute werden wir angenommen, indem wir ein Brandopfer darbringen. So haben wir auf der negativen Seite die Vergebung der Sünden durch das Sündopfer und, positiv gesehen, unser Angenommensein im Herrn Jesus. Nach dem ersten wurde der zweite Widder geschlachtet. Er wurde nicht gänzlich verbrannt wie das Brandopfer. Von seinem Blut wurde auf das rechte Ohrläppchen, den rechten Daumen und die rechte große Zehe von Aaron und seinen Söhnen gestrichen. Dies war das Einweihungsopfer. Es bedeutet, daß ich gemäß der Annahme, die Christus vor Gott hat, jetzt als ein Diener dastehe, der auf Gottes Stimme hört, der seinen Willen tut und in seinen Wegen wandelt. Von jetzt ab gehören meine Ohren, meine Hände und meine Füße ausschließlich Gott. Da ich in Christus angenommen worden bin, bringe ich mein ganzes Wesen Gott dar.

Wo das Zeichen des Blutes ist, ist gleichzeitig auch der Grund für Gottes Anrecht. Wo das Zeichen des Blutes ist, da ist auch der Ruf der Liebe. Das Blut bezeugt, daß ich ein Erkaufter des Herrn bin und bekundet, daß er mich geliebt hat. Hier ist das Blut der Preis, den Christus für meine Erlösung bezahlte, und es ist auch die Liebe, von der das Neue Testament spricht. Der Widder ist geschlachtet worden, also bringe ich mein ganzes Selbst als Opfer dar. So werde ich zum lebendigen Opfer, denn Blut ist auf mir. Obwohl ich am Leben bin, bin ich völlig geweiht worden. Ich habe mich selbst als lebendiges Opfer Gott dargestellt.

Beachte besonders das Webopfer, das auf die Schlachtung des zweiten Widders folgt. Das Streichen von Blut auf das rechte Ohrläppchen, auf den rechten Daumen und auf die rechte große Zehe des Menschen, der geweiht werden sollte, war immer noch Vorbereitung zur Weihe. Die Weihe geschah, als Mose

das Fett nahm und den Fettschwanz und alles Fett am Eingeweide und was über die Leber hervorragt und die beiden Nieren mit dem Fett daran und die rechte Keule; dazu nahm er aus dem Korbe mit dem ungesäuerten Brot vor dem Herrn einen ungesäuerten Kuchen und einen Brotkuchen mit Öl und einen Fladen und legte es auf die Fettstücke und auf die rechte Keule, und legte das alles auf die Hände Aarons und auf die Hände seiner Söhne und webte es zum Webopfer vor dem Herrn. Danach nahm Mose das alles wieder von ihren Händen und verbrannte es auf dem Altar über dem Brandopfer. Das war das Einweihungsopfer zum lieblichen Geruch, ein Feueropfer dem Herrn (3. Mose 8, 25–28).

Alle, die die Typenlehre studieren, sind der Meinung, daß die Schulter und das Brot zwei verschiedene Seiten des Herrn Jesus darstellen. Die Schulter ist der Sitz der Stärke. Die Schulter des Widders zeigt uns den göttlichen Charakter des Herrn Jesus, so wie das Fett auf die Herrlichkeit Gottes hinweist. Das Brot spricht von seiner Menschheit. Er ist ein ungesäuerter, makelloser, vollkommener Mensch. Er ist voll des Heiligen Geistes, höchst empfindsam und zart. Sein inneres Gefühl und sein geistliches Empfinden sind äußerst fein. Er ist nicht grob, sondern sanft wie ein dünner Kuchen oder eine Waffel, die durch bloßes Berühren zerbrochen werden kann. Dies alles wurde in Aarons Hände gelegt, damit er es vor Gott webe. Zuerst wurden Aaron die Hände gefüllt, und dann wurde alles auf dem Brandopfer verbrannt. Das nennen wir Weihe.

Wir wollen hier noch eine Erklärung beifügen. Im Hebräischen bedeutet das Wort »Weihe« eigentlich »die Hände füllen«. Die leeren Hände wurden gefüllt. Das war der Augenblick der Weihe. Aarons Hände waren voll, daß er nichts anderes halten konnte – das ist Weihe. In seinen Händen hielt er die Schulter und das Fett des Widders und ungesäuertes Brot – auch das ist Weihe. Völlig von der Gottheit und der Menschheit des Herrn, von seiner göttlichen Stärke und seinem ungesäuerten Leben, vom Heiligen Geist und der Feinfühligkeit des Herrn eingenommen zu sein – das ist der Augenblick der Weihe.

Gott berief Aaron und seine Familie, um ihm als Priester zu dienen. Aber Aaron konnte sich nicht unverschämt Gott nahen. Sein Sündenproblem mußte zuvor gelöst sein, er mußte in Christus angenommen worden sein. Seine Hände mußten gemäß Gottes Geheiß handeln, seine Füße auf Gottes Pfad wandeln und seine Ohren Gottes Wort hören. Weiter mußten seine Hände, als höchster Ausdruck der Dienstbarkeit, mit Christus angefüllt werden. Erst jetzt war er ein Geweihter. Was ist demzufolge Weihe? Es heißt das tun, wozu Paulus ermahnt: »Ich ermahne euch nun Brüder, durch die Erbarmungen Gottes, eure Leiber darzustellen als ein lebendiges, heiliges, Gott wohlgefälliges Opfer, was euer vernünftiger Gottesdienst ist.« Wir müssen zum Herrn kommen und erkennen, daß es für uns nur eine Art gibt, unser Leben zu verbringen, und das ist im Dienst Gottes. Uns bleibt keine andere Lebensweise als der Gottesdienst.

Um Gott zu dienen, stelle ich ihm meinen ganzen Leib dar. Danach werde ich niemand mein Ohr leihen, um auf seine Stimme zu hören oder meine Hände in eines anderen Dienst stellen oder meine Füße auf einen anderen Pfad lenken. Neben dem Herrn kann mich jetzt niemand mehr verwenden. Ich bin da, um Gott zu dienen. Mein ganzer Leib ist seinem Dienst hingegeben. Ich habe mich ihm wie ein Opfer dargebracht. Ich gehe sogar einen Schritt weiter: Meine beiden Hände sind mit Christus angefüllt (hier sind Ohren, Hände und Füße in einem zusammengefaßt); ich webe und hebe, was in meinen Händen ist. Diese Handlung nennt man Weihe.

Weihe bedeutet also, daß ich von der Liebe des Herrn berührt worden bin, sein Anrecht auf mein Leben erkannt habe und jetzt zu Gott komme und ihn darum bitte, ihm dienen zu dürfen. Ich komme aus eigenem Antrieb, nicht weil ich gerufen wurde. Ich bete: »O Gott, ich gehöre jetzt dem Herrn, weil er mich erkauft hat. Früher lag ich unter dem Tisch in der Hoffnung, von den Brocken essen zu dürfen, die vom Tisch fielen; aber von heute an laß mich dir nicht unter dem Tisch dienen. Einst erhielt ich Gnade wie ein Hund, doch jetzt kann ich dir nicht als Hund vor der Türe dienen. Ich wähle heute, dir zu dienen. Ich weiß, ich bin angenehm in Christo. Ich bitte darum, darf ich nicht ein wenig an deinem Dienst teilhaben? Ich bitte dich darum, sei mir gütig und laß mich dir dienen. Du bist nicht an mir vorübergegangen, sondern du errettetest mich. Jetzt bitte ich dich noch einmal, geh nicht an mir vorbei, sondern laß mich zu den vielen gehören, die dir dienen.«
So kommen wir zum Herrn, und er nimmt uns an. Wir haben ihm alles hingelegt, damit er uns verwende. Römer 12 sagt uns, daß wir unsere ganzen Leiber darstellen müssen; das fällt zusammen mit den Ohren, den Händen und den Füßen im Alten Testament. So werden Altes und Neues Testament in einem vereint.

Der Zweck der Weihe

Das Ziel der Weihe ist nicht das Predigen oder das Arbeiten für Gott, sondern Gott zu dienen. Im Urtext hat das Wort »dienen« den Sinn von »harren«, das heißt auf Gott harren, um ihm zu dienen. Weihe muß nicht unbedingt etwas mit unablässiger Arbeit zu tun haben, denn ihr Zweck ist, auf Gott zu harren. Wenn sein Wunsch es ist, daß wir stehen, dann stehen wir; will er daß wir warten, so warten wir; und möchte er, daß wir rennen, so rennen wir. Das bedeutet auf Gott »harren«.

Gott fordert von uns, daß wir ihm unsere Leiber darstellen – nicht damit wir die Kanzel besteigen oder in fernen Ländern evangelisieren, sondern damit wir auf ihn harren. Für einige mag es tatsächlich bedeuten, daß sie die Kanzel übernehmen müssen, da Gott sie dorthin sendet. Andere mögen gedrängt werden, in ferne Länder zu reisen, da Gott sie dazu beauftragt hat. Die Arbeit mag unterschiedlich, doch der Zeitaufwand wird stets derselbe sein: lebenslänglich. Wir müssen es lernen, auf Gott zu harren. Wir geben unsere Leiber hin, um Dienende zu sein.

Einmal Christen geworden, müssen wir Gott lebenslänglich dienen. Sobald ein Arzt Christ wird, hört die medizinische Tätigkeit auf, Berufung zu sein, und wird lediglich zu seiner Beschäftigung. Dasselbe wird auch für den Ingenieur gelten. Die Forderungen des Herrn sind immer vorrangig. Gott zu dienen, wird zur Hauptarbeit. Sollte es der Herr erlauben, mag ich nebenbei als Arzt oder Ingenieur tätig sein, um meinen Lebensunterhalt zu verdienen, doch werde ich meinen Beruf nie zur Aufgabe meines Lebens haben können. Einige der ersten Jünger waren Fischer, doch als sie in die Nachfolge des Herrn traten, hegten sie keine Hoffnung mehr, je große, erfolgreiche Fischer zu werden. Es mochte ihnen hie und da gestattet gewesen sein, ein wenig zu fischen, doch ihr Geschick hatte sich geändert.

Möge Gott uns, besonders den jungen Gläubigen, gnädig sein, damit wir erkennen, wie sich unsere Berufung geändert hat. Mögen alle Lehrer, Ärzte, Krankenschwestern, Ingenieure und Werktätigen sehen, daß es ihre Berufung ist, Gott zu dienen. Was früher Ruf war, ist jetzt nur noch Beschäftigung. Sie sollten auf ihrem besonderen Gebiet nicht allzu ehrgeizig sein, obwohl der Herr ihnen vielleicht eine besondere Stelle gegeben hat. Wir, die wir Gott dienen, dürfen nicht die Erwartung nähren, hier in dieser Welt wohlhabend zu werden; diese zwei Dinge schließen sich gegenseitig aus. Von nun an sollen wir Gott allein dienen. Es bleibt uns keine andere Lebensweise und kein anderer Weg offen. Bei der Weihe ist folgendes unser Gebet: »Herr, du hast mir das Vorrecht und die Möglichkeit gegeben, vor dich zu kommen und dir zu dienen. Herr, ich gehöre dir. Meine Ohren, Füße und Hände gehören dir allein, da ich ein Bluterkaufter bin. Die Welt kann meine Glieder nicht mehr verwenden, noch will ich sie weiterhin verwenden.« Was folgt also daraus? Heiligkeit, denn die Frucht der Weihe ist Heiligkeit. In 2. Mose 28 haben wir auf der einen Seite die Weihe, und Heiligkeit dem Herrn auf der anderen Seite.

Wir müssen zur Erkenntnis gebracht werden, daß wir als Christen für nichts anderes mehr gut sind. Das heißt nun nicht, daß wir in unseren weltlichen Arbeiten weniger treu sein werden als bisher. Nein, wir müssen den Behörden und Gewalten untertan sein und getreu unsere Aufgaben erfüllen. Aber wir haben vor Gott erkannt, daß unser Leben im Dienst Gottes verbracht werden muß. Alle anderen Arbeiten sind nebensächlich.

Das Lied der Weihe

Es gibt einen Chorus, der lautet: »Ich bin sein, ich bin sein, Ehre seinem Nam', denn ich bin sein.« Obwohl der Kehrreim einfach ist, muß er von jemand geschrieben worden sein, der wußte, was Weihe ist. Solche Lieder können nur die Erlösten singen, und nur Erlöste können sich dem Herrn weihen.

Ich habe den starken Eindruck in diesen Jahren, daß die Art und Weise, in der die Weihe gepredigt wird, falsch ist. Wir sollten sie nicht so predigen, als bäten wir die Leute darum, die möchten sich doch gefälligst dem Herrn weihen. Statt dessen sollten wir ihnen sagen, daß der Weg zur Weihe jetzt offen ist. Wenn ich eine Anzeige veröffentlichen würde, daß ich solche Leute suchte, die fähig wären, für den Präsidenten zu arbeiten, ich meine, viele würden mich zum Essen einladen, viele würden nach dieser Stelle trachten. Ist es nicht seltsam, daß wir Leute darum bitten sollten, sie möchten doch bitte Gott dienen? Ich will es dir sagen: Für dich ist der Weg offen, dem Herrn der Heerscharen zu dienen. Du kommst nicht, um ihm einen Gefallen zu tun, sondern um Gott zu dienen.

Ich möchte vielleicht Gott dienen, bin aber unsicher, ob er mich annehmen werde. Nun zeigen uns aber die Abschnitte aus dem Alten Testament, daß wir von Gott die Erlaubnis haben, uns ihm zu weihen. Das Neue Testament bestätigt dies, indem es mich ermahnt, durch die Erbarmungen Gottes, mich ihm darzustellen, denn dies ist mein geistlicher Dienst. Das Vorrecht, Gottes Sklaven sein zu dürfen, ist unsere größte Ehre.

Bibelstudium

Die Wichtigkeit des Bibelstudiums

Kein guter Christ kann es sich heute leisten, das Wort Gottes nur mangelhaft zu kennen, denn Gott spricht heute zu den Menschen, indem er das wiederholt, was er zuvor gesprochen hat. Es kommt äußerst selten vor, daß Gott zu Menschen in anderen Worten, als solchen der Bibel spricht. Obwohl es geschehen mag, daß Gott direkt zu solchen Menschen spricht, die mit dem Herrn schon weit vorangegangen sind, sind doch solche Aussprüche größtenteils Worte, die er in der Schrift bereits niedergelegt hat. Daher bilden junge Gläubige, die Gottes Wort nicht kennen, für den Herrn ein Problem, weil sie keine Grundlage haben, auf welcher Gott zu ihnen sprechen kann.

Die Bibel ist das Wort Gottes. Sie offenbart, was Gott in der Vergangenheit alles für uns getan hat. Sie zeigt uns auch, auf welche Weise Gott in vergangenen Tagen Menschen zu seiner Erkenntnis geführt hat. Um die ganze Fülle und den ganzen Reichtum der Vorkehrungen Gottes für uns zu erkennen, müssen wir die Bibel studieren. Auch um zu erkennen, auf welchen Schritten Gott uns zu ihm führen will, müssen wir die Bibel studieren.

Wenn Gott uns ferner dazu verwenden will, für ihn zu reden, dann gebraucht er gewöhnlich Worte, die er bereits gesprochen hat. Sollten wir diese Worte nicht kennen, ist es für ihn schwierig, durch uns zu reden. Dann werden wir vor ihm unbrauchbare Leute sein. Daher müssen wir das Wort Christi reichlich in uns wohnen lassen, damit wir jene Worte hören können, die Gott heute zu uns sprechen will und damit wir auch wissen, wie Gott in der Vergangenheit gehandelt hat.

Die Bibel ist ein großes und ernsthaftes Buch. Würden wir auch unser ganzes Leben damit verbringen, nur sein Wort zu studieren, könnten wir bloß dessen Rand berühren. Wie kann also jemand das

Wort kennen, ohne Zeit darüber zu verbringen? Es ist ein Ding der Unmöglichkeit. Daher sollten junge Leute viel Fleiß im Studium des Wortes Gottes anwenden, damit sie in den mittleren und reiferen Jahren sowohl für die Not anderer als auch für die eigene aus einem reichen Vorrat des Wortes schöpfen können. Wer auch immer Gott kennen will, muß Gottes Wort gründlich studieren. Jeder Neubekehrte muß gleich zu Beginn seines Christenlebens die Wichtigkeit des Bibelstudiums erkennen. Laßt mich offen zu euch reden: Allzuwenige kennen das Wort Gottes wirklich. Diese unsere Generation ist weit zurück im Studium des Wortes. Wir wissen heute um keinen, der jenen Riesen des Wortes aus den vergangenen vier, fünf Jahrzehnten vergleichbar wäre. Heute begegnen wir größtenteils oberflächlichen Lesern. Wo finden wir die Leute, welche die Bibel gründlich studiert haben? Was das Verständnis der Bibel anbelangt, liegt unsere Generation weit im Hintertreffen. Ich spreche hier nicht von geistlichem Leben, sondern von Verständnis. Die meisten mögen persönliche Andachten und Worte zur geistlichen Erbauung der Bibel entnehmen können, doch die allerwenigsten studieren heute die Bibel ernsthaft.

Die Hoffnung liegt jetzt auf den jungen Leuten. Wir erwarten, in den kommenden fünf oder zehn Jahren eine ganze Reihe von Leuten unter uns zu haben, welche die Bibel wirklich studiert haben. Das ist nicht so einfach wie es tönt, denn es erfordert eine Menge Zeit. Zuerst muß eine feste Grundlage des Wortes vorhanden sein; ansonsten wird nichts darauf gebaut werden können. Bibelauslegung, wie wir sie heute finden, ist völlig unzulänglich. Ein solch seichtes Leben in der Gemeinde ist eine Schande vor Gott.

Wie studiert man die Bibel?

Wie sollten wir nun die Bibel studieren? Wir kennen vier grundlegende Arten:

a) Tatsachen finden oder entdecken.

b) Das Wort auswendig lernen.

c) Das Wort untersuchen, ableiten und vergleichen.

d) Von Gott Erleuchtung empfangen.

Wie unterschiedlich die äußerlichen Methoden auch sein mögen, die grundlegenden Prinzipien des Bibelstudiums bleiben dieselben. Die oben gegebene Reihenfolge sollte auch eingehalten werden. Zuerst Tatsachen finden, dann auswendig lernen, als Nächstes analysieren und schließlich Licht empfangen. Die Bibel enthält viele geistliche Tatsachen, die dem geistlich Blinden verborgen sind. Wenn jemand eine Tatsache entdeckt, hat er bereits das halbe Licht empfangen und somit die Hälfte vom Zweck des Studiums erfüllt. Daher ist es unbedingt notwendig, Tatsachen zu finden, denn sonst werden wir keine göttliche Erleuchtung empfangen können, denn das Licht Gottes scheint nur auf die Tatsachen in seinem Wort. Warum spricht Gott auf diese oder auf jene Weise? Durch Analysieren, Vergleichen und Ableiten sind wir offen, Licht zu empfangen. So werden wir ernährt und sind auch in der Lage, andere zu nähren. Wenn wir die Bibel nachlässig studieren, wird uns das Wort wie durch ein Leck entrinnen, und wir werden nicht erkennen, was es enthält.

Ein Beispiel: Die Anziehungskraft der Erde ist eine Tatsache. Sie untersteht einem allgemeingültigen Gesetz, doch erst zur Zeit Newtons wurde dieses Gesetz der Schwerkraft entdeckt. Obwohl es schon seit Jahrtausenden existiert hatte, blieb es unentdeckt. Eines Tages saß Newton unter einem Apfelbaum, und ein Apfel fiel auf seinen Kopf. Durch diesen Vorfall entdeckte er das Gesetz der Schwerkraft. Die Frage war nicht, ob dieses Gesetz Tatsache sei oder nicht, sondern ob die Tatsache entdeckt würde oder nicht.

Gleicherweise ist es für uns von allergrößter Wichtigkeit, Tatsachen in der Bibel finden zu können. Was die Bibel sagt, und was sie nicht sagt, ist hochbedeutend. Warum werden gewisse Dinge an verschiedenen Stellen unterschiedlich ausgedrückt? Gott hat nicht zugelassen, daß auch nur ein einziges Wort der ursprünglichen Bibel abgeändert werde. Warum steht an gewissen Stellen die Einzahl, während an anderen Stellen die Mehrzahl verwendet wird? Warum werden manchmal Jahre besonders erwähnt und manchmal mehrere Jahre einfach übergangen? Dies sind alles Tatsachen, die wir beachten müssen.

Darum muß jeder, der die Bibel studiert, vor Gott ein sorgfältiger, aufmerksamer Mensch sein. Er kann es sich nicht leisten, unaufmerksam zu sein. Sein Herz muß aufrichtig und lauter sein, denn das Wort Gottes ist rein. Sobald er Gottes Wort hört, sollte er wissen, wo die Betonung liegt. Aber viele Christen lesen das Wort, ohne etwas zu hören. Sie finden weder dessen Tatsachen noch dessen Schlüssel.

1. Beispiele zur Methode des Vergleichens

Wir wollen einige einfache Beispiele betrachten:

»In Christus«

Wenn wir Gottes Wort studieren, werden wir erkennen, daß das Neue Testament nur Ausdrücke wie »im Herrn«, »in Christus«, oder »in Christus Jesus« verwendet, es heißt nie »in Jesus« oder »in Jesus Christus«. Das ist es, was wir entdecken von Tatsachen nennen. Wir sollten versuchen, uns die Stellen zu merken, in denen diese Ausdrücke vorkommen. Dann sollten wir sie mit den Ausdrücken vergleichen, die nicht zur Anwendung kommen. Warum steht an gewissen Stellen »in Christus«, aber nicht »in Jesus«? Warum steht »in Christus Jesus«, aber nicht »in Jesus Christus«? Warum verwendet die Bibel nie den Ausdruck »in Jesus Christus«? Indem wir das Wort zerlegen und vergleichen, dürfen wir erwarten, daß Gott uns Licht und damit Einsicht gibt.

Es wird uns aufgehen, daß »Jesus« der irdische Name unseres Herrn ist. »Jesus Christus« besagt, daß dieser Jesus eines Tages Christus sein wird. »Christus« ist der Name, der ihm nach seiner Auferstehung und nach seiner Salbung durch Gott gegeben wurde. »Das ganze Haus Israel wisse nun zuverlässig, daß Gott ihn sowohl zum Herrn als auch zum Christus gemacht hat, diesen Jesus, den ihr gekreuzigt habt.« (Apg. 2, 36). Dies ist also sein Name in der Auferstehung. Dann finden wir in Römer »Christus Jesus«, was bedeutet, daß der Jesus von gestern der Christus von Heute ist. Christus Jesus ist zu seinem Namen heute geworden. Der Begriff »Jesus Christus« ist etwas ganz anderes als »Christus Jesus«. Christus war zuvor Jesus, und Jesus wird später Christus. Wir können nur in Christus sein, aber niemals in Jesus. Wir können im Herrn oder in Christus Jesus sein, aber nie in Jesus Christus.

Als unser Herr auf der Erde lebte, konnten wir nicht in ihm sein. Wären wir das gewesen, würden wir an seinem Kreuz und Erlösungswerk teilnehmen. Nein, er allein ist Gottes eingeborener Sohn; an diesem haben wir keinen Anteil. An seiner Geburt in Bethlehem können wir nicht teilnehmen. Wie aber können wir dann in Christus sein? »Aus ihm aber seid ihr in Christo Jesu« (1. Kor. 1, 30). Es heißt nicht, in Jesus, sondern in Christus Jesus. Denn wir sind mit ihm in seiner Auferstehung verbunden, nachdem er gestorben und aus den Toten auferweckt worden ist. Dort hat Gott ihn zum Christus gemacht, und dort hat Gott auch uns durch seinen Geist mit ihm verbunden.

»Blut« und »Kreuz« im Römerbrief

Wir wissen, daß Römer 1–8 das Erlösungswerk des Herrn behandelt. Diese acht Kapitel lassen sich weiter in zwei Teile aufteilen: Die Kapitel 1–5, 11 bilden einen Teil und die Kapitel 5, 12–8 den andern. Alle, die die Bibel studieren, verwundern sich über die Tatsache, daß im ersten Teil das Kreuz nicht erwähnt wird, während im zweiten Teil nichts mehr vom Blut steht. Der erste Teil spricht nur vom Blut, aber nicht vom Kreuz; der zweite Teil behandelt das Kreuz, nicht das Blut. Nachdem wir erkannt und das auswendig gelernt haben, was Gott gesprochen, und was er nicht gesprochen hat, können wir mit dem Analysieren beginnen. Grundsätzlich kann man auf zwei Arten analysieren: Man kann zerlegen, um sorgfältiger prüfen zu können, oder man kann zusammentragen, um ein umfassenderes Bild zu erhalten. Während wir Römer 1–8 im einzelnen untersuchen, werden wir vielleicht soviel Licht empfangen, daß wir erkennen, daß Sündenvergebung und Rechtfertigung durch das Blut geschehen, aber daß Befreiung von der Macht der Sünde durch das Kreuz geschehen muß. Befreiung geschieht nicht durch das Blut, sondern durch das Kreuz, und Vergebung haben wir nicht durch das Kreuz, sondern durch das Blut.

Nachdem man genügend Bibelverse auswendig gelernt hat, mag man versuchen, sie vor Gott zu analysieren. Anfänglich mag man außerstande sein, sie zu verstehen, aber nachdem man es einen Monat oder sogar ein halbes Jahr lang versucht hat, wird man Einsicht empfangen. Wie erwähnt, hat der bereits das halbe Licht empfangen, der Tatsachen ausfindig machen kann. Wenn jemand nicht in der Lage ist, Tatsachen zu finden, so beweist das nur, daß er ein Augenleiden hat. Junge Leute sollten daher als aufmerksame Leser anfangen. Wer nicht nach Tatsachen forscht, ist eine faule Person. Er wird weder wissen, was Gott gesagt, noch was er nicht gesagt hat. Wie kann man das auch nur Studium des Wortes Gottes nennen?

Merkt euch eines: Ob jemand fähig ist, ein Diener des Wortes zu sein oder nicht, hängt davon ab, ob er beim Studium des Wortes Tatsachen findet oder nicht. Jeder einzelne Diener des Wortes Gottes muß ein wachsamer und genauer Mensch sein. Tatsachen sind wie Bergspitzen; sie ragen augenfällig heraus. Nur faule, gleichgültige, zerstreute und unempfindsame Leute wissen nicht, wie man die Bibel liest, weil sie außerstande sind, die Tatsachen Gottes zu finden.

2. Beispiel der analytischen Methode

Wir wollen uns jetzt von der vergleichenden zur analytischen Methode wenden. Als Beispiel wollen wir den Bericht des Johannes über die Sendung des Heiligen Geistes nehmen. In den Kapiteln 14 und 16 finden wir die Verheißung des Herrn Jesus. Ist da etwas Besonderes in dieser Verheißung? Beachte den Abschnitt. Johannes 14, 16–20:

»Und ich werde den Vater bitten, und er wird euch einen anderen Sachwalter geben, daß er bei euch sei in Ewigkeit, den Geist der Wahrheit, den die Welt nicht empfangen kann, weil sie ihn nicht sieht noch ihn kennt. Ihr kennt ihn, denn er bleibt bei euch und wird in euch sein. Ich werde euch nicht verwaist zurücklassen, ich komme zu euch. Noch ein Kleines, und die Welt sieht mich nicht mehr; ihr aber seht mich: weil ich lebe, werdet auch ihr leben. An jenem Tag werdet ihr erkennen, daß ich in meinem Vater bin und ihr in mir und ich in euch.«

Welche Tatsache entdecken wir hier? Im ersten Teil dieses Abschnitts sehen wir, daß »er« oder »ihn« gebraucht wird, aber im zweiten Teil hat sich das Pronomen in »ich« oder »mir« und »mich« verwandelt.

Nachdem uns diese Tatsache aufgefallen ist und wir uns diese Verse gemerkt haben, sollten wir fortfahren und sie analysieren. Der Herr erwähnt einen anderen Sachwalter (oder Tröster). Ein »anderer« deutet an, daß es ein zweiter sein wird. Wenn ich beispielsweise sage: »Ich werde jemand anders bitten, der dir helfe«, meine ich damit einen zweiten Helfer. Der Vater wird euch einen anderen

Tröster senden, einen zweiten Tröster. Da ein zweiter Tröster kommen wird, muß zuvor der erste Tröster dagewesen sein, genauso wie ein anderer Helfer die Gegenwart eines ersten Helfers andeutet.

Die Tatsache steht somit fest: Es gibt zwei Tröster. Was sagt der Herr vom zweiten Tröster? ». . . daß er bei euch sei in Ewigkeit.« Wer ist er? Wir scheinen ihn nicht zu kennen, und doch sagt der Herr: ». . . den die Welt nicht empfangen kann, weil sie ihn nicht sieht noch ihn kennt. Ihr kennt ihn.« Warum? »Denn er bleibt bei euch.« Wäre ich einer der zwölf Jünger gewesen, hätte ich damals bestimmt gefragt: »Herr, du sagst, der Tröster bleibe bei mir, aber ich sehe ihn weder wenn ich schlafe noch wenn ich wache. Ich sehe ihn auch nicht, wenn ich esse oder wandle. In der Tat, ich habe ihn noch nie gekannt. Wie kannst du sagen, ich kenne ihn?«

Aber beachte dies: Gleich nach den Worten: »denn er bleibt bei euch und wird in euch sein«, fährt er fort: »Ich werde euch nicht verwaist zurücklassen, denn ich komme zu euch.« Durch Analysieren erkennen wir, daß »er« zu »ich« geworden ist. Mit anderen Worten: »Ich« bin »er«. Solange der Herr Jesus auf der Erde ist, ist er der Tröster; der Heilige Geist in ihm ist der Tröster. Das heißt Licht sehen. Auf der Erde sind der Heilige Geist und Jesus eins, denn der Geist ist in ihm. Er wird von den Jüngern gesehen und erkannt, weil er bei ihnen ist. Jetzt soll aber ein anderer Tröster geschenkt werden. Der Herr wird sterben, auferstehen und wiederkommen. Wie wird er kommen? Er wird im Heiligen Geist kommen, auf daß er seine Jünger nicht als Waisen zurücklasse. »Noch ein Kleines, und die Welt sieht mich nicht mehr; ihr aber seht mich: weil ich lebe, werdet auch ihr leben.« Für eine kleine Zeit werdet ihr mich nicht sehen, doch nach einer kleinen Zeit werdet ihr mich wieder sehen, und ich werde in euch wohnen. In Vers 17 wird »er in euch« sein, aber jetzt, in Vers 20, werde »ich in euch« sein. Das »er« oben ist folglich das »ich« der folgenden Verse. Zuerst ist es der Heilige Geist in Christus, nachher Christus im Heiligen Geist. Wer ist der Heilige Geist? Er ist das zweite Selbst des Herrn Jesus. Wie der Sohn das zweite Selbst des Vaters ist, so ist der Heilige Geist das zweite Selbst des Sohnes. Allein die Form ist eine andere.

Aus diesem allem ist es offensichtlich, daß das grundlegende Prinzip zum Bibelstudium das Auffinden von Tatsachen ist. Es kommt eigentlich nicht darauf an, wie viele Kapitel man gelesen oder wie viele Bibelverse man auswendig gelernt hat. Wenn man keine Tatsachen findet, wird man kein Licht von Gott empfangen. Die Fähigkeit, Tatsachen zu finden, ist für einen Mitarbeiter eine grundlegende Erfordernis. Paulus war ein Mann, der eine große Fähigkeit im Finden von Tatsachen bewies. Beachtet, was er im dritten Kapitel des Galaterbriefes sagt. Als er das erste Mosebuch las, erkannte er, daß in der Verheißung Gottes an Abraham: »in deinem Samen werden alle Nationen der Erde gesegnet werden«, Samen in der Einzahl und nicht in der Mehrzahl steht und deshalb auf Christus hinweist. Paulus hatte eine Tatsache in der Bibel entdeckt. Nun gibt es Zehntausende von ähnlichen Tatsachen wie die eben erwähnte. Ob man im Wort Gottes reich ist oder nicht, hängt weitgehend von der Fähigkeit ab, Tatsachen zu finden.

3. Beispiel zur ableitenden Methode

Wir wollen jetzt die ableitende Methode veranschaulichen. Wir wählen das Thema des Bildermachens. In 2. Mose 20, 4 finden wir das Gebot: »Du sollst dir kein geschnitztes Bild machen noch irgendein Gleichnis dessen, was oben im Himmel, und was unten auf der Erde, und was in den Wassern unter der Erde ist.« Doch im ersten Mosebuch sagt Gott selber: »Lasset uns Menschen machen in unserem Bilde, nach unserem Gleichnis . . . Und Gott schuf den Menschen in seinem Bilde« (1. Mose 1, 26–27). Auch in 2. Mose 26 trägt Gott dem Volk Israel auf: »Und du sollst einen Vorhang machen von rotem und blauem Purpur und Karmesin und gezwirntem Byssus; in Kunstweberarbeit soll man ihn machen, mit Cherubin« (V. 31). Die Cherubim haben die Gestalt des Menschen, und jeder von ihnen hat vier Gesichter: das eines Menschen, eines Löwen, eines Ochsen und eines Adlers (Hes. 1, 5. 10). Dieser Vorhang soll das Allerheiligste vom Heiligtum trennen.

Nachdem wir diese Abschnitte zusammengestellt haben, werden wir uns ganz natürlich die Frage stellen: Widerspricht sich Gott selbst? Einerseits gebot er, keinerlei Bild zu machen, und Israel wurde verurteilt, als es sich das Goldene Kalb gemacht hatte. Andererseits gebot er ihnen selbst, ein Bild von den Cherubim zu machen. Warum verbietet und gestattet die Bibel Bilder zu machen?

Warum darf man sich kein Bild machen, außer dem der Cherubim? Worauf weist das Bild der Cherubim hin? Diese Frage führt uns zum Hebräerbrief. Hebräer 10, 20 besagt, daß der Vorhang das Fleisch Christi darstelle, nämlich Jesus Christus selbst. Mit anderen Worten, alle Bilder sind Götzen, ausgenommen der Eine, der selbst das Abbild Gottes ist. Beachte was in 1. Mose 1, 26–27 steht. Als der dreieinige Gott zu Rate saß, wurde entschieden, »Menschen in unserem Bilde« zu machen. Als es aber zur eigentlichen schöpferischen Tätigkeit kam, da schuf Gott »den Menschen in seinem Bilde«. In Vers 26 haben wir die Mehrzahl »unserem«, welche in Vers 27 zur Einzahl »seinem« wird. Solches Wechseln von der Mehrzahl zur Einzahl ist eine Tatsache, die beachtet werden muß. Sie offenbart, daß nur eine Person der Gottheit ein Bildnis hat, und diese Person ist Christus. Indem wir alle diese Abschnitte zusammentragen, kommen wir zum Schluß, daß Gott alle Bildnisse verwirft, außer dem einen – dem Bildnis seines eigenen Sohnes.

Einige bemerkenswerte Männer, die das Wort studiert haben

Durch die Jahrhunderte hindurch haben viele Kinder Gottes Zeit über dem Wort verbracht. Einige der hervorragendsten Köpfe der letzten zweitausend Jahre haben sich mit Gottes Wort befaßt. In der Tat hat Gott erstrangige Denker dieser Welt zum Studium seines Wortes berufen. Sie bilden einen Bestandteil des Erbes der Gemeinde.

Als erstes wollen wir jene erwähnen, die Textkritik betrieben haben; solche, die die Buchstaben der Bibel untersucht haben. Leute wie Tregelles, Dean, Alford, Wordsworth und Westcott sind Riesen unter den Tausenden solcher Kritiker. Wozu diese Kritiker? Nun, es gab keine Druckerpressen, als die Bibel anfangs niedergeschrieben wurde; zudem war es ein verbotenes Buch. Wenn jemand mit einer Bibel aufgefunden wurde, konnte er vor dic wilden Tiere geworfen werden. Um die Bibel lesen zu können, mußte er sie für sich selbst abschreiben. Er konnte jeweils nur wenig auf einmal abschreiben, und er mußte dies in aller Eile tun, damit er dabei nicht von der Polizei ertappt würde. Unter solchen Umständen waren Abschreibefehler nicht zu vermeiden. Sogar mit unseren heutigen Druckereiausrüstungen sind Fehler nicht ganz auszuschließen.

Wieviel größer waren erst die Fehlerquellen, als man alles von Hand abschrieb! Wie schnell wurde hier ein Strich unterschlagen und dort ein Pünktchen hinzugefügt. Die Leute im ersten Jahrhundert schrieben in Eile, und in späteren Jahrhunderten geschah das kopieren noch immer von Hand. So haben wir heute eine große Anzahl von Manuskripten, die gewisse Unterschiede in den Buchstaben aufweisen.

Daher hat Gott viele erweckt, die sich darauf spezialisiert haben, die Buchstaben der Bibel zu kritisieren. Sie sammeln viele verschiedene Handschriften und vergleichen sie dann miteinander, Wort für Wort, Strich für Strich.

Es ist eine zeitraubende Arbeit, denn jeder einzelne Buchstabe des Alten und des Neuen Testaments muß geprüft und bestätigt werden. Einige Fachkundige haben viele Länder und eine stattliche Reihe von Museen besucht, um nur einen einzigen Buchstaben zu bestätigen oder zu korrigieren. Ihre Hingabe sollte uns zu Tränen rühren. Es sind dies die großen Gelehrten der hebräischen und griechischen Sprache. Sie verbringen ihr ganzes Leben mit ihren Forschungen. Wie danken wir doch Gott dafür, daß er solche Männer zur Erfüllung dieser schwierigen Aufgabe erweckt hat.

Dann haben wir die Bibelübersetzer. Viele Menschen haben allerorts lange Zeit damit verbracht, die Bibel sorgfältig zu übersetzen. So wurde beispielsweise J. N. Darby von Gott dazu verwendet, die Bibel ins Italienische, Französische, Deutsche und Englische zu übersetzen. Die Standardausgabe der chinesischen Bibel ist das gemeinsame Werk einer Gruppe von Gelehrten. Manchmal verbrachte man bis zu elf Stunden über einem Vers.

Als nächstes sind die Schreiber der biblischen Wörterbücher zu erwähnen. Gott hat viele Menschen in verschiedenen Ländern dazu berufen, Wörter, Tiere, Pflanzen und Vieh zu studieren. Sie haben uns die biblischen Wörterbücher beschert, die uns viel Verständnis vermitteln. Wie könnten wir ohne sie wissen, was Zeder und Ysop sind? Alles in der Bibel hat man studiert, sogar den Unterschied zwischen einem Überwurf und einem Mantel. Unter den Schreibern solcher Wörterbücher sind Philip, Schaff und William Smith. Das Werk Schaffs, das vor einem Jahrhundert zustande kam, gilt als eines der besten.

Die nächsten sind jene Männer, die die Konkordanzen zusammengestellt haben. Da die Bibel ein solch großes Buch ist, ist es nicht einfach, einen bestimmten Vers zu finden. Dazu brauchen wir die Konkordanz. Tatsächlich ist die Bibel das einzige Buch, das eine Konkordanz hat. Die erste, die entstand, war das Werk von Cruden. Er verbrachte mehrere Jahre damit, seine Konkordanz zusammenzustellen. Als er für solch lange Zeit diese gewaltige Arbeit tat, wurde er sinnesgestört, und so mußte er die Arbeit einstellen. Sechs Jahre später jedoch, als er genesen war, nahm er seine Arbeit wieder auf. Er gab buchstäblich sein Leben dafür, daß diese Konkordanz zusammengestellt werden konnte. Für uns ist es jetzt so einfach, ein wichtiges Wort in der Bibel zu finden, doch zahlreich waren die Stunden, die damit verbracht wurden, all die Bibelverse ausfindig zu machen und zu sammeln, in denen dieses bestimmte Wort vorkommt. Es brauchte ein fast übermenschliches Gedächtnis und kostete eine ungeheure, mühevolle Anstrengung, all diese Wörter in der rechten Reihenfolge einzuordnen. Nach dem Werk von Cruden erschienen die Konkordanzen von Strong, Young und Wiggram. Diese gründeten freilich alle auf dem Werk Crudens. Jede dieser Konkordanzen hat ihre besonderen Merkmale, doch sind alle recht verläßlich.

Zudem haben sich auch gewisse Leute auf die Erforschung des Zeitablaufs der biblischen Geschichte spezialisiert. Gewissenhaft versuchen sie all die Jahre von der Erschaffung des Menschen bis zur Zeit Christi zusammenzufügen. Zu diesen gehören Erzbischof Ussher und Philip Mauro. Das Wunder der Bibel ist, daß es Verse gibt, die lückenlos die Verbindung von der Schöpfung der Welt bis zur Zeit Christi herstellen. Gott hat uns diesen zeitlich geordneten Ablauf bewahrt, indem er uns einen Vers hier und einen Vers da gibt. Manchmal scheint es, gewisse Verse fehlten, doch durch fleißiges Forschen können wir all die fehlenden Glieder ausfindig machen. Die Jahre seit der Erschaffung Adams bis auf Christus sind gleich einer Kette ohne Unterbruch.

Dann haben wir die Leute, die den zahlenmäßigen Aufbau der Bibel studieren. Wir kennen zwei verschiedene Schulen: Eine wird angeführt durch F. W. Grant, die andere ist die jüdische Schule der sogenannten Masoreten. Vor dreißig Jahren hat auch ein Russe namens Ivan Panin eine Aufstellung der Zahlenstruktur der Bibel vorgenommen. Es ist wunderbar zu sehen, daß jede Zahl der Bibel ihre besondere Bedeutung hat. Nimm zum Beispiel die Zahl zwölf: Wir haben zwölf Stämme, zwölf Apostel, zwölf Grundlagen, zwölf Monate und zwölf Früchte. Gott verwendet die Zahl zwölf immer in einem bestimmten Zusammenhang. Durch eine bestimmte Zahl will Gott stets sein Werk manifestieren. In seiner numerischen Bibel (Numerical Bible) hat Grant dies den Kindern Gottes eröffnet. Eine andere Schule hat versucht, die Buchstaben aus den Wörtern der Schrift entsprechend ihrem Zahlenwert zusammenzuzählen. Wie wir wissen, kennt weder das Hebräische noch das Griechische eigene Zeichen für die Zahlen so wie die arabischen Ziffern 1, 2, 3 usw. Die Buchstaben des Alphabets stellen die Zahlenwerte dar. Jedem Buchstaben des griechischen oder hebräischen Alphabets entspricht ein numerischer Wert. Ivan Panin, der berühmte Mathematiker aus der Zeit der Zarenherrschaft, und seine Studenten haben alle Buchstaben der Bibel zusammengezählt.

Eine weitere Schule hat Buchstaben und Wörter des Alten Testaments nach Abschnitten und Versen gezählt. Dies sollte die Abschreiber auch späterer Jahrhunderte vor Fehlern bewahren. Angenommen in einem gewissen Abschnitt seien 504 Wörter. Wenn beim Zählen dann 505 Wörter in diesem Abschnitt gefunden werden, bedeutete dies, daß der Abschreiber ein Wort zuviel geschrieben hat. Die fünf Mosebücher bestehen insgesamt aus 187 Kapiteln, 5845 Versen, 63467 Wörtern und über 300000 Buchstaben. Ich will hiermit nicht sagen, daß solche Berechnungen besonderen Wert hätten, sondern ich möchte den jungen Gläubigen einfach zeigen, wie Menschen Zeit über der Bibel verbracht haben.

Noch eine vierte Schule wird von Howard Osgood vertreten, einer höchst gelehrten Person. Er verbrachte sehr viel Zeit im Bibelstudium und zählte alle Wörter, die in der Bibel erwähnt werden. Im Alten Testament kommen 6417 verschiedene Wörter vor. Von diesen werden 1798 Wörter nur einmal erwähnt, 728 Wörter zweimal, 448 Wörter dreimal und 3443 Wörter sind mehr als dreimal gebraucht. Die Summe der in beiden Testamenten erwähnten Wörter beträgt 11284. Das bedeutet, daß die Bibel in ihrer ursprünglichen Sprache durch den Gebrauch von 11284 Wörtern zustande kam.

Schließlich gibt es noch die Leute, die sich darauf spezialisiert haben, Redewendungen, Ausdrucksweisen (Erminologien) und Betonungen in der Bibel zu studieren. Newberry beispielsweise studierte Terminologien, Rotherham die Betonungen. Im griechischen Original hat jeder Satz in der Bibel seine besondere Betonung. Die Betonung in Matthäus 5: »Ihr habt gehört, daß zu den Alten gesagt ist . . . Ich aber sage euch . . .« liegt auf dem »ich«. Und in Matthäus 6: ». . . sie haben ihren Lohn dahin . . . und dein Vater, der im Verborgenen sieht, wird dir vergelten«, liegen die Betonungen auf »sie haben« und »dein Vater wird«. Rotherham verbrachte sein ganzes Leben damit, diese Betonungen festzulegen.

Praktische Winke für das Bibelstudium

Schließlich wollen wir festhalten, daß man die Bibel täglich und deren Bücher der Reihe nach lesen sollte. Am besten liest man gleichzeitig das Alte und das Neue Testament. Nicht das schnelle, sondern das tägliche und systematische Lesen bringt Gewinn. Georg Müller konnte vor seinem Tode Gott dafür danken, daß er es ihm ermöglicht hatte, die Bibel einhundertmal zu lesen. Junge Gläubige sollten es sich merken, wie viele Male sie die Bibel schon durchgelesen haben. Beginne mit Matthäus im Neuen und dem ersten Mosebuch im Alten Testament, und lies die beiden Testamente durch. Zeichne in deiner Bibel die Anzahl der Durchgänge an. Unsere Hoffnung ist, daß jeder Gläubige hundertmal durch die Bibel kommen möge. Wenn jemand 50 Jahre lang Christ sein darf, muß er die Bibel mindestens zweimal im Jahr durchgelesen haben, um auf hundert Mal zu kommen.

Für das Bibelstudium sollte man sich zwei Zeitabschnitte im Tag reservieren, und man sollte dabei auch zwei Bibeln verwenden. Die Zeit der Bibellese am Morgen sollte von Gebet begleitet sein. Diese Zeit dient dazu, das eigene geistliche Leben zu erbauen. Drei oder vier Verse für jeden Morgen genügen. Unter das Lesen sollte man auch Gebet und Nachsinnen über das Wort mischen. Die Zeit am Nachmittag soll dazu dienen, mehr aus dem Wort Gottes zu erfahren. Deshalb kann man hier längere Zeit nur mit Lesen verbringen. Dies ist auch die Zeit, um Tatsachen in der Bibel zu finden. Wenn möglich verwende man zwei Bibeln: eine für den Morgen, die andere für den Nachmittag. In die Morgenbibel sollte nichts hineingeschrieben werden, außer einer Liste der Daten, da man während des Lesens bestimmter Abschnitte von Gott Lektionen erteilt bekommt. Die Nachmittagsbibel sollte das Licht, das während des Lesens empfangen wird, festhalten. Hier kann alles, was einem wertvoll erscheint, hineingeschrieben werden. Kreise und verschiedenfarbige Linien können überall – auch quer über Seiten – gezeichnet werden.

Indem wir die Bibel immer wieder durchlesen, wird sich langsam unser Bibelwissen vergrößern. Versuche, einen oder zwei Bibelverse täglich auswendig zu lernen. Was zu Beginn schwierig scheinen mag, wird später eine große Hilfe sein.

Lektion 6

Gebet

Nach dem Bibelstudium müssen wir es lernen zu beten. Beten ist sowohl die einfachste als auch die tiefgreifendste aller christlichen Betätigungen. Jemand, der eben erst zum Glauben gekommen ist, kann beten. Und doch müssen viele Gotteskinder noch auf dem Sterbelager bekennen, daß sie die Kunst des Betens nie meistern lernten.

Erhörte Gebete sind grundlegender Anspruch und Vorrecht des Christen. Dem Christen ist von Gott das Recht gegeben worden, auf seine Gebete Antworten zu empfangen. Wenn jemand schon seit einigen Jahren Christ ist, und noch keine einzige Gebetserhörung erfahren hat, dann muß sein Christenleben höchst fragwürdig sein. Etwas stimmt nicht, wenn die Gebete eines Gotteskindes nicht erhört werden. Die Gebete eines Christen müßten erhört werden.

»Bis jetzt habt ihr nichts gebeten in meinem Namen. Bittet, und ihr werdet empfangen, damit eure Freude völlig sei« (Joh. 6, 24). Wer oft betet und oft Gebetserhörungen erlebt, wird ein glücklicher Christ sein. Dies ist eine grundlegende Erfahrung, die jeder Gläubige gemacht haben muß. Man mag in anderen geistlichen Dingen noch gleichgültig sein, doch in dieser Angelegenheit von erhörten Gebeten, kann der Christ es sich nicht leisten, sich selbst zu täuschen. Hier haben wir ein Ja oder ein Nein. Er muß danach trachten, auf seine Gebete Antworten zu empfangen.

Frage einen Neubekehrten, ob er heute gebetet habe. Frage ihn, ob Gott sein Gebet erhört hat, denn Gebet ist nicht ein Streichen in die Luft noch etwas, das nebenbei noch erledigt wird. Man betet, um erhört zu werden. Wenn Gebete nicht erhört werden, sind sie vergebliche Mühe. Man muß lernen, Gebete beantwortet zu bekommen. Gebete dienen nicht lediglich geistlicher Erbauung, sondern sie sind dazu da, um erhört zu werden. Ginge es nur um Erbauung, dann könnte man für Stunden beten, ohne eine Antwort zu erwarten. Wenn Gebet aber dazu da ist, erhört zu werden, dann muß man solange beten, bis die Bitte eingetroffen ist.

Für Neubekehrte ist es daher unumgänglich diese Lektion gründlich zu lernen, damit in Zukunft ihre Gebete erhört werden.

Bedingungen zum erhörlichen Gebet

Wir können in der Bibel eine ganze Reihe von Bedingungen zum erhörlichen Beten finden, doch wollen wir hier nur diejenigen aussuchen, welche für Anfänger vollständig genügen werden. Diese bilden gut die Hälfte der Bedingungen, welche fortgeschrittene Christen schon gelernt haben.

1. Bitten

Zum Gebet gehört, daß man wirklich bittet. »Ihr habt nicht, weil ihr nicht bittet« (Jak. 4, 2). »Und ich sage euch: Bittet, und es wird euch gegeben werden; sucht, und ihr werdet finden; klopft an, und es wird euch aufgetan werden. Denn jeder Bittende empfängt, und der Suchende findet, und dem Anklopfenden wird aufgetan werden« (Luk. 11, 9–10). Als ich mich frisch bekehrt hatte, erklärte ich, daß ich täglich betete. Da fragte mich eines Tages eine Schwester im Herrn: »Hat Gott deine Gebete erhört?« Ich war überrascht, denn für mich bedeutete Beten einfach Beten, nichts Weiteres. Ich betete, doch machte ich mir nie Gedanken darüber, ob ich erhört werde oder nicht. Von jenem Tag an aber habe ich gebetet, um erhört zu werden. Nachdem mich diese Schwester gefragt hatte, untersuchte ich, wie viele meiner Gebete erhört worden waren. Ich entdeckte, daß ich nicht viele solche Gebete gesprochen hatte, die die Anforderungen zur Erhörung erfüllten. Meine Gebete waren meist allgemeiner Art, daher war es nicht allzu wichtig, ob sie erhört wurden oder nicht. Es war etwa, als ob ich Gott gebeten hatte, die Sonne am folgenden Tag aufgehen zu lassen; sie würde ohnehin aufgehen, mit oder ohne mein Bitten! Ich war schon ein ganzes Jahr lang Christ gewesen, und konnte keine einzige Gebetserhörung feststellen! Ja, ich war vor Gott auf den Knien gelegen und hatte viele Worte ausgesprochen, doch hatte ich nie wirklich um etwas Bestimmtes gebeten.

»Klopft an, und es wird euch aufgetan werden«, sagt der Herr, doch ich hatte die ganze Zeit an die Mauer geklopft! Der Herr wird dir nie die Mauer auftun, wenn er nicht weiß, was du eigentlich willst. Wenn du wirklich an die Türe klopfst, so wird er dir gewiß auftun. Wenn du um eine Sache bittest, wird dir der Herr sie geben. Angenommen, viele Dinge sind da: ein Liederbuch, eine Tasse, eine Bibel, ein Tischtuch und ein Füller. Was willst du eigentlich? »Suchet«, sagt der Herr. Du kannst den Herrn nicht um ein Warenhaus bitten; du mußt ihn um etwas Bestimmtes bitten.

»Ihr habt nicht, weil ihr nicht bittet.« Bitten muß spezifisch sein. Das deuten sowohl Suchen als auch Anklopfen an. Man sucht sich eine bestimmte Sache aus, und man klopft an die Tür, nicht an die Mauer. Viele können eine volle Woche gebetet und doch um nichts gebittet haben. Sie empfangen nicht, weil sie nicht gebittet haben. Diese Gebete haben die Form des Gebets, doch fehlt ihnen der Gegenstand der Bitte.

Junge Christen müssen lernen, spezifisch zu bitten. Ahme nicht solche Brüder nach, die in der Versammlung 20 Minuten oder eine halbe Stunde dastehen und beten, aber wenn man sie fragt, worum sie gebetet haben, dir keine Antwort geben können. Viele können lange Gebete sprechen, haben es aber nicht gelernt, für ganz bestimmte Dinge zu bitten.

Angenommen, du bittest deinen Vater, deinen Mann, deine Frau oder dein Kind darum, dir etwas zu bringen. Du mußt ihm oder ihr sagen, was du willst. Kann der Arzt in die Apotheke gehen und eine Arznei in Empfang nehmen, ohne zu sagen, welche Arznei er benötigt? Kann man einkaufen gehen, ohne zu wissen, was man kaufen will? Wie eigenartig ist es doch, daß Menschen vor Gottes Angesicht erscheinen, ohne etwas Bestimmtes auf dem Herzen zu haben – gerade so, als ob irgend etwas genügen würde. Gerade hierin liegt die Schwierigkeit oder das Hindernis zum Gebet. Wir müssen gezielt und bewußt bitten, nicht einfach allgemein.

Anfänger sollten diese Bedingung des Gebets klar erfassen. Sonst werden sie in Notlagen nicht fähig sein, durchzubeten. Allgemein gehaltene Bitten erfüllen nie ein bestimmtes Bedürfnis. Solches Beten mag in gewöhnlichen Tagen noch taugen, doch wird es nicht genügen, wenn Schwierigkeiten auf uns zukommen. Wenn unsere Gebete allgemeiner Art sind, werden wir in Notzeiten aus ihnen keine Hilfe empfangen, denn dann werden die Geschehnisse und die daraus entstehenden Probleme alle höchst spezifische Erfahrungen haben, die uns aus spezifischen Nöten hilft.

2. *Nicht übel bitten*

Wir Menschen müssen Gott bitten. Die Schrift hat an das Bitten noch eine Bedingung geknüpft: Bittet nicht übel. »Ihr bittet und empfanget nichts, weil ihr übel bittet« (Jak. 4, 3). Die Menschen dürfen Gott bitten, ihre Notdurft zu erfüllen, doch sollen sie nicht unvernünftig oder über ihr Maß hinaus bitten. Es bedarf mehrerer Jahre des Lernens vor Gott, bevor man sogenannte »große Gebete« vor Gott bringen kann. In den ersten Tagen unseres geistlichen Lebens ist es schwierig, den Unterschied zwischen großen Gebeten und üblem Bitten klar zu erkennen. Wir sollen daher als Anfänger nie nach unseren Gelüsten beten, oder begierig um solches bitten, was wir nicht benötigen. Gott wird uns nur unsere Not ausfüllen und uns das geben, was wir brauchen. Oft kommt es freilich vor, daß uns Gott über die Maßen beschenkt, mehr, als wir erbitten. Wenn die Jungen aber übel bitten, werden sie nie erhört werden.

Was heißt nun übel bitten? Es heißt um mehr bitten, als es dein Maß, deine Notdurft und dein tatsächlicher Mangel bedarf. Ich habe zum Beispiel ein bestimmtes Bedürfnis, und ich bitte Gott darum, es zu erfüllen. Ich bitte entsprechend der Dringlichkeit und Größe des Bedürfnisses. Wenn ich über dieses Bedürfnis hinaus bitte, dann bitte ich übel. Wenn mein Mangel groß ist, kann ich Gott bitten, diesen großen Mangel auszugleichen. Aber ich soll nicht um mehr bitten, denn Gott hat kein Gefallen an leichtfertigen Gebeten. Gebete sollten den Nöten entsprechen. Sie dürfen nie vermessen sein. Übel bitten gleicht dem Bitten eines kleinen Kindes um den Mond am Himmel. Dies übersteigt weit seine Bedürfnisse. Neubekehrte sollten es lernen, ihrer Stellung gemäß zu bitten. Erst nachdem sie weitere geistliche Erfahrung gesammelt haben, mögen sie große Gebete vorbringen, doch jetzt sollen sie angemessen beten. Laßt sie den Mund nicht zu weit auftun, auf daß sie nicht den Rahmen ihrer tatsächlichen Bedürfnisse sprengen.

3. Sünde muß ausgeräumt werden

Es mag geschehen, daß jemand gebetet hat, auch nicht übel gebittet hat und doch nicht erhört worden ist. Warum? Weil vielleicht ein grundsätzliches Hindernis im Wege steht – Sünde steht zwischen Gott und ihm.

»Wenn ich in meinem Herzen Unrecht beabsichtige, so wird der Herr mich nicht erhören« (Ps. 66, 18, engl. Übers.). Wenn jemand in seinem Herzen eine ihm bekannte Sünde hat, und sein Herz hält an dieser Sünde fest, wird er nicht erhört werden. Was bedeutet Unrecht im Herzen beabsichtigen? Es bedeutet ganz einfach, daß im Herzen eine Sünde ist, die man nicht aufgeben will. Wenn auch jemand große Schwächen aufweist, so wird Gott ihm vergeben. Wenn aber jemand um eine Sünde weiß und sie trotzdem in seinem Herzen begehrt, dann ist das mehr als eine Schwäche im äußerlichen Benehmen; es bedeutet, daß er Unrecht im Herzen beabsichtigt.

Der Mann in Römer 7 ist ein anderer Fall. Er erklärt, was er tut, hasse er. Er hat versagt, doch haßt er dieses sein Versagen. Der Mann, der in seinem Herzen aber Unrecht beabsichtigt, will seine Sünde gar nicht loswerden. Er gibt sie weder im Wandel noch im Herzen auf. Der Herr wird das Gebet eines solchen Menschen nie erhören, denn Sünde macht es unmöglich, daß er erhört werden kann.

Es ist daher wichtig, daß die jungen Gläubigen alles Unrecht aus ihrem Herzen verbannen. Jede Sünde muß bekannt und unter das Blut gebracht werden. Obwohl es schwierig sein mag, alle seine Sünden zu überwinden, darf man doch niemals Unrecht im Herzen beabsichtigen. Gott mag uns unsere Schwächen verzeihen, doch wird er nicht dulden, daß wir Frevel im Herzen bewahren und beabsichtigen. Es nützt nichts, äußerlich von Sünde befreit zu sein, wenn man im Inneren noch an ihr hängt. Darum sollten junge Christen zu Beginn ihres Christenlebens Gott um Gnade bitten, daß sie sowohl im Herzen als auch im Wandel heilig sein können. In unserem Herzen muß eine gründliche Arbeit getan werden, ehe das Herz jede einzelne Sünde haßt und kein einziges Unrecht weder behält noch liebt noch beabsichtigt. Wenn Sünde im Herzen ist, ist es nutzlos zu beten, weil der Herr nicht erhören wird.

»Wer seine Missetaten verheimlicht, dem wird es nicht gelingen;

wer sie aber bekennt und läßt, der wird Barmherzigkeit erlangen« (Spr. 28, 13). Sünde muß bekannt werden. Wenn man sie bekennt, wird der Herr vergeben und vergessen.

Man sollte vor den Herrn treten und ihm sagen: »Hier ist eine Sünde, die mein Herz ständig beabsichtigt. Ich finde es schwierig, sie aufzugeben, doch jetzt bitte ich dich um Vergebung. Ich bin willig, diese Sünde aufzugeben. Ich bitte dich: Befreie mich von ihr, damit sie nicht mehr an mir hafte. Ich will sie nicht mehr und widerstehe ihr.« Der Herr wird an dieser Sünde vorüberziehen, wenn du auf solche Weise vor ihm ein Bekenntnis ablegst. Fortan werden deine Gebete erhört werden können. Dies ist eine ernsthafte Angelegenheit, die wir auf keinen Fall übersehen dürfen.

4. Man muß glauben

Da ist noch eine positive Bedingung, die erfüllt werden muß: Man muß glauben, sonst wird Gebet nicht wirksam sein. Der Vorfall in Markus 11, 12–24 zeigt uns deutlich die Notwendigkeit des Glaubens im Gebet. Der Herr kam mit seinen Jüngern aus Bethanien heraus. Ihn hungerte. Da sah er von Ferne einen Feigenbaum und ging hinzu, um einige Feigen zu suchen, doch fand er nichts als Blätter an ihm. Da verfluchte er den Baum, indem er sprach: »Nimmermehr in Ewigkeit soll jemand Frucht von dir essen.« Wie sie am nächsten Morgen vorüber kamen, sahen sie den Feigenbaum von den Wurzeln an verdorrt. Die Jünger verwunderten sich. Der Herr aber sagte zu ihnen: »Habt Glauben an Gott! Wahrlich ich sage euch: Wer zu diesem Berg sagen wird: Hebe dich empor und wirf dich ins Meer! und nicht zweifeln wird in seinem Herzen, sondern glauben, daß geschieht, was er sagt, dem wird es werden. Darum sage ich euch: Alles, um was ihr auch betet und bittet, glaubt, daß ihr es empfangen habt, und es wird euch werden.«

Man muß glauben, wenn man betet, denn wenn man glaubt, wird man empfangen. Was ist Glaube? Glaube heißt, daran glauben, daß man empfängt, worum man bittet.

Wir Christen haben oft eine falsche Auffassung von Glauben. Der Herr sagt uns, wer glaubt, daß er *empfangen hat* (wörtl. aus dem Griechischen) wird empfangen. Doch wir Christen behaupten, wer glaubt, er *werde empfangen,* werde es erhalten. Da sind zwei verschiedene Arten von Glauben. Der Herr spricht zweimal von empfangen: Zuerst hat man empfangen, dann wird man empfangen. Viele Gläubige hängen ihren Glauben daran, daß sie empfangen werden. Wir treten im Gebet vor den Herrn und glauben, wir werden empfangen, worum wir bitten. Wir glauben, der Berg *werde* ins Meer versetzt werden. Und groß scheint dabei unser Glaube zu sein. Doch wir glauben nicht, daß wir empfangen *haben*, sondern daß wir empfangen *werden*. Doch unser Herr spricht nicht von diesem Glauben. Der Glaube, von dem die Schrift spricht, hängt sich daran, daß er empfangen hat. Dies ist weit treffender als »empfangen werden«.

Ich wurde durch die Miß Dora Yu zum Herrn geführt. Jahre später erkrankte sie an Brustkrebs. Sie erfuhr damals, daß ich von Tuberkulose geheilt worden sei. Da schrieb sie mir und bat mich, sie in Kiang-wan, Schanghai, zu besuchen. Sie dachte, sie beweise mir ihren großen Glauben, als sie zu mir sagte: »Ich glaube, Gott wird mich heilen.« Ich sagte ihr, das könne nicht als Glauben angesehen werden, da der Herr Glaube nie mit »empfangen werden« in Zusammenhang stellt. An jenem Tag kam es noch zu einem langen Gespräch. Krebs ist ja bekanntlich eine Krankheit, die viele Zellen zerstört und das Fleisch auszehrt. Sie ist äußerst schmerzhaft und erzeugt einen schlechten Geruch. Zuerst schlug der Arzt eine Operation vor, doch später erwiesen sich auch solche Eingriffe als nutzlos. Miß Yu hielt aber noch immer daran fest, daß Gott sie heilen würde. Als ich ihr klarzumachen versuchte, daß es nicht Glaube sei, bloß daran festzuhalten, Gott *werde* sie heilen, erhoben die Missionare, die ihr zur Seite standen, Einspruch gegen mich, und wiesen mich auf ihren großen Glauben hin. Ich gab ihnen zur Antwort: »Sie muß glauben, daß Gott sie geheilt *hat*. Dies allein ist Glaube, nämlich darauf zu vertrauen, daß Gott geheilt *hat*, nicht daß er erst heilen *wird*. Zu glauben, Gott werde oder müsse sogar heilen, ist nichts als Erwartung, denn Glaube hat etwas mit der Vergangenheit und der Gegenwart zu tun, während Hoffnung in die Zukunft sieht. Wenn ich glaube, Gott werde mich morgen heilen, dann erwarte ich bloß, daß Gott mich heilt.«

Zwei Monate später erhielt ich von ihr einen Brief. Sie schrieb:

»Heute habe ich beschlossen in zwei oder drei Tagen aufzustehen, denn ich glaube, Gott wird mich heilen.« Ich hatte gerade viel zu tun und konnte sie daher an jenem Tag nicht besuchen. So schrieb ich ihr einen Brief: »Zuerst Glaube, dann Werke. Solche Werke sind lebendig. Wenn Werke dem Glauben vorangehen, dann sind sie tot. Das ist ein fester Grundsatz. Wenn du glaubst, daß du geheilt bist, dann wird dein Aufstehen ein lebendiges Werk sein, sonst ist es nur ein totes.« Tags darauf beeilte ich mich, zu ihr zu gehen. Ich bat sie, nicht aufzustehen. Ich sagte ihr nochmal: »Wenn du geheilt bist, dann kannst du aufstehen, aber du kannst nicht aufstehen, um geheilt zu werden.« Sie stand an jenem Tag nicht auf. Später ging sie dann heim zum Herrn.

Was ist also Glaube? Du kannst von Glauben reden, wenn du in der Lage bist zu behaupten, Gott hätte dein Gebet bereits erhört, nicht wenn du aber sagst, Gott werde dich erhören. Du kniest nieder zum Gebet, und irgendwie bist du fähig zu sagen: Gott sei gedankt, er hat mein Gebet erhört, diese Sache ist erledigt. Das ist Glaube, denn er vertraut darauf, bereits empfangen zu haben. Wenn du von deinen Knien aufstehst und erklärst, Gott werde oder müsse dich erhören, wird nichts geschehen, wie inständig deine Bitten auch gewesen sein mögen. Deine Entscheidung führt kein Resultat herbei.

Der Herr sagt: »Glaubet, daß ihr empfangen habt, und ihr werdet es erhalten.« Brüder habt ihr den Schlüssel erfaßt? Wahrer Glaube weiß, es ist bereits geschehen. Gelobt sei Gott, denn er hat mein Gebet erhört.

Neubekehrten möchte ich gerne etwas aus meiner persönlichen Erfahrung weitergeben. Man kann Gebet in zwei Teile zerlegen: Der erste Teil ist Beten ohne Verheißung, bis einem die Verheißung gegeben wird. Ohne Gottes Wort beten, bis einem von Gott ein Wort gegeben wird. Alle Gebete beginnen auf diese Weise. Bete, indem du Gott bittest, und bitte weiter. Im Fall von Georg Müller geschah es oft, daß Gebete innerhalb von Minuten beantwortet wurden, während bei anderen Gebeten eine Antwort auch nach sieben Jahren noch nicht gekommen war. Dies ist der Teil des Betens. Der zweite Teil beginnt, nachdem die Verheißung gegeben worden ist, bis die Verheißung eintrifft; nachdem man ein Wort empfangen hat, bis sich das Wort erfüllt. Während dieses zweiten Teils sollte man nicht bitten, sondern preisen. So ist der erste Teil also Gebet, der andere Lobpreis. Bete im ersten Teil ohne ein Wort, bis du Gottes Wort hast. Preise im zweiten Teil, nachdem du die Verheißung empfangen hast, bis sich die Verheißung erfüllt hat. Das ist das Geheimnis des Betens.

Für die Menschen der Welt hat das Gebet nur zwei Punkte: Ich habe nicht, also bete ich; nachdem ich gebetet habe, gibt mir Gott. Ein Beispiel: Ich betete gestern für eine Uhr; nach mehreren Tagen gibt sie mir der Herr. Das ist von nichts zu etwas. Doch Christen kennen einen dritten Punkt, einen Punkt, der zwischen diesen zweien liegt: Glaube. Wenn ich für eine Uhr bete und eines Tages behaupten kann, daß Gott mein Gebet erhört hat, dann habe ich den Punkt des Glaubens erreicht. Ich habe die innere Gewißheit, daß ich die Uhr habe, obwohl meine Hände noch leer sind. Einige Tage darauf kommt die Uhr an. Christen müssen es verstehen, im Geiste zu empfangen. Sonst besitzen sie weder Glauben noch geistliche Einsicht.

Wir sollten ernsthaft beten, solange beten, bis der Glaube geschenkt worden ist. Wir können also sagen, der erste Teil heiße beten, ohne Glaube, bis der Glaube gegeben worden ist. Vom Zeitpunkt an, da wir Glauben empfingen, preisen wir, bis wir das Erbetene tatsächlich besitzen. Warum denn Gebet in diese zwei Teile zerlegen? Weil man nicht mehr beten, sondern nur noch preisen kann, wenn einmal der Glaube gegeben worden ist. Wenn man mit Beten fortfährt, wird man seinen Glauben verlieren. Man sollte nur noch preisen, um so Gott seine Verheißung vorzuhalten und deren Erfüllung zu beschleunigen. Gott hat ja schon verheißen zu geben; worum könnte man da noch bitten? Geschwister in der ganzen Welt haben solche Erfahrungen gemacht. Nachdem man Glauben erhalten hat, ist es unmöglich zu bitten. Was wir noch tun sollen, ist zu sagen: »Ich preise dich, Herr.« Aber ach, etliche Brüder besitzen diese Erkenntnis nicht! Gott hat schon verheißen, und doch beten sie weiter, und so beten sie, bis sie alles verlieren. Dies ist wahrlich ein großer Verlust.

Wie soll man seinen Glauben bewahren? Indem man den Herrn preist: »Herr, ich preise dich, denn du hast mein Gebet erhört. Du erhörtest mich schon vor einem Monat.« Wie kostbar sind die Worte in Markus 11, 24. Nirgends im Neuen Testament wird Glauben klarer zum Ausdruck gebracht, als in diesem kostbaren Vers. »Alles, um was ihr auch betet und bittet, glaubt, daß ihr es empfangen habt, und es wird euch werden.« Hier sind drei Hauptpunkte:

a) Bete mit leeren Händen, b) glaube mit leeren Händen, c) glaube, und du hältst das Erbetene in Händen. Viele Neubekehrte verstehen wirklich, was Gebet ist, und sie wissen bereits, welch große Rolle Gebet in ihrem Leben spielt.

5. *Weiterbeten*

Gebet kennt noch eine andere Seite, welche mit dem bisher Gesagten im Widerspruch zu stehen scheint und doch genauso real ist: Wir sollen nämlich »allezeit beten und nicht ermatten« (Luk. 18, 1). Der Herr zeigt uns, daß gewisse Gebete Ausharren erfordern. Wir müssen solange weiterbeten, bis der Herr sozusagen ermüdet ist durch unser ständiges Drängen. Dies ist kein Zeichen von Unglauben, sondern vielmehr eine andere Art Glauben. »Doch wird wohl der Sohn des Menschen, wenn er kommt, den Glauben finden auf der Erde?« fragt der Herr. Dies ist die Art Glauben, welche darauf vertraut, daß durch inständiges Bitten der Herr schließlich antworten werde – mit oder ohne vorher gegebener Verheißung.

Oft können wir schon gar nicht ein zweites Mal beten, da wir eigentlich um gar nichts gebittet haben. Wie viele unserer Gebete haben wir zwei-, drei-, fünf- oder zehnmal vorgebracht? Viele Gebete vergessen wir, sobald wir sie dargebracht haben. Müssen wir uns noch wundern, wenn Gott sie auch vergißt? Wir können nur dann beten und weiterbeten, wenn echte Not da ist. Dann sind wir in einer Umgebung, die uns zum Beten drängt und bewegt. Nach fünfzig Jahren werden wir dieses Gebet nicht vergessen haben. »Herr, ich höre nicht auf zu beten, bis du eingreifst.«

Solches Beten steht nicht im Widerstreit zur Aussage in Markus 11, 24. Markus sagt, daß wir solange beten sollen, bis wir Glauben empfangen haben. Hier steht, wir sollten allezeit beten und nicht ermatten. Viele unserer Gebete sind so herzlos, daß deren Beter sie bald vergessen. Wie können wir von Gott überhaupt erwarten, solch herzlose Gebete zu erhören? Wir selber haben vergessen, und doch wünschen wir, Gott möge sich erinnern. Dies ist ein Unding! Daher sollten junge Geschwister lernen zu beten, und zwar bis sie empfangen haben, worum sie baten. Eine Schwester hatte seit mehreren Jahren für ihren Bruder gebetet. Gott schien nicht zu erhören, und die Lage verschlimmerte sich. Eines Tages erklärte sie jedoch, sie wisse, ihr Bruder würde errettet werden. Sie schien große Gewißheit zu haben. Woher hatte sie diese Zuversicht? Sie hatte die Geschichte der Witwe, die mit dem ungerechten Richter richtete, gelesen. Sie sagte: »Gott hat mir gezeigt, daß ich ihn noch nie richtig ermüdet habe. Morgens früh werde ich Gott bitten, meinen Bruder zu retten, mittags werde ich ihm dieselbe Bitte vorbringen, und abends will ich Gott nochmals an die Errettung meines Bruders erinnern. Wenn ich Tag und Nacht, von Sonnenaufgang bis Sonnenuntergang bete, dann wird Gott eines Tages dadurch so ermüdet werden, daß er sagen wird: Also gut, ich werde deinem Bruder das Heil gewähren. Nun bin ich entschlossen, auf diese Weise zu beten. Deshalb weiß ich, daß mein Bruder gerettet werden wird.« Diese Schwester hatte Lukas 18, 5 wirklich begriffen.

Von Natur sehr schüchtern, wurde diese Schwester jetzt ausgesprochen kühn. Sie bemühte Gott so sehr, daß er nichts anderes tun konnte, als ihren Bruder zu retten. Nach einer Woche war er gerettet! Das Licht, das sie aus der Bibel empfangen hatte, war gewaltig. Was die Natur aus ihr nicht machen konnte, vermochte das Licht von oben: Sie wurde zu einer »gewalttuenden« Person.

Wenn du also um etwas bittest, mußt du lernen, Gott zu ermüden. Wie kannst du von ihm erwarten, dich zu erhören, wenn du selbst vergessen hast, worum du gebetet?

Gebet als Arbeit

Neubekehrte sollten Gebet so ernst nehmen wie alle zu erledigende Arbeit.

Zuerst sollte jeder sich ein Gebetsbuch zulegen, ein Buch, in dem Gebete ausgewertet werden. Alle Gebete sollten darin aufgeschrieben werden. Jede Seite sollte dann in vier Themen unterteilt werden. Ich teilte beispielsweise mein Gebetsbuch folgendermaßen ein: erstens das Datum; zweitens der Gegenstand des Gebets, das heißt das Gebetsanliegen; drittens das Datum der Erhörung; viertens die Art und Weise, in welcher Gott dieses Gebet erhörte. So kann man feststellen, wie viele Dinge man von Gott erbeten hat, wie oft Gott erhört hat und wie viele Gebete noch auf eine Antwort warten. Auf diese Weise kann man seine Gebete auswerten.

Während eines Jahres erhörte Gott dreitausendmal die Gebete Georg Müllers. Wie hätte er die Zahl gewußt, hätte er nicht über seine Gebete Buch geführt? Es ist schade, daß ich meine alten Gebetsbücher weggeworfen habe. Diese Bücher durchzugehen, wäre höchst interessant. Ich war einst recht strebsam. Ich schrieb mir einhundertundvierzig Namen in die Gebetsliste ein. Nach achtzehn Monaten waren alle außer zwei von ihnen errettet. Einige Namen wurden am Morgen eingetragen, und am Nachmittag desselben Tages waren sie gerettet. Andere kamen nach sieben oder acht Monaten zum Glauben. Wenn man einmal etwas in ein Buch eingetragen hat, wird es zum Gegenstand eines Geschäftes, das vor Gott in aller Ernsthaftigkeit ausgehandelt werden muß. Ein solches Geschäft kann nicht einfach eingestellt werden. Jedes muß immer wieder überbetet werden, Tag für Tag, bis der Handel abgeschlossen ist.

Der Hauptnutzen eines Gebetsbuches ist, daß wir feststellen können, wie viele Gebete erhört wurden und wie viele nicht. Wenn wir auf unsere Gebete keine Antwort erhalten, wenn sie nicht erhört werden, dann ist etwas Grundsätzliches nicht in Ordnung. Sowohl die Alten als auch die Jungen sollten ein Gebetsbuch führen. Eifer allein ist nichtig, wenn Gebete nicht erhört werden. Wenn der Weg zu Gott nicht frei ist, wird der Weg zu den Menschen verbaut sein. Wer vor Gott kraftlos ist, der ist kraftlos auch vor Menschen. Die Menschen sollten danach trachten, Macht im Gebet vor Gott zu haben, denn sonst werden sie unbrauchbare Leute sein.

Mehrere Anliegen sollten im Buch festgehalten und täglich durchgebetet werden: a) Alle Gotteskinder sollten täglich für die Weltmenschen beten, daß sie errettet werden möchten. b) Gottes Kinder sollten für die völlige Wiederherstellung Israels beten, denn es ist Gottes auserwähltes Volk. Wer immer sie segnet, wird gesegnet werden. c) Die Gläubigen sollten das Haupt der Gemeinde darum bitten, der Gemeinde Licht, Gnade, Gaben und Leben zu geben. Wie sehr hat doch die Gemeinde diese Dinge heute nötig. d) Christen sollten für ihr Land beten, auf daß sie ein ruhiges und stilles Leben in aller Gottseligkeit und würdigem Ernst führen können. Dies sind vier große Themen, für die wir zusammen mit den andern Gebetsanliegen, die wir in unserem Buch festgehalten haben, beten sollten.

Beim Benützen des Gebetsbuches beachte man, daß man für einige Dinge täglich beten muß, während andere Gebetsanliegen nur einmal wöchentlich drankommen. Dies hängt weitgehend von der Anzahl der aufgeschriebenen Gebetsanliegen ab. Wenn es nicht zu viele sind, können sie alle täglich durchgebetet werden. Wenn die Anzahl aber entsprechend größer ist, kann man es so einordnen, daß jeden Tag nur bestimmte Gebetsanliegen durchgebetet werden. Ich persönlich habe zwei Jahre lang jeden Samstag als Tag des Gebets freigehalten.

Gebet hat zwei Enden

Gebet hat zwei Enden: Den Beter und den Gegenstand des Gebets. Oft muß zuvor das erste Ende verändert werden, bevor am andern Ende etwas geschehen kann. Es wäre töricht, darauf zu hoffen, daß nur das zweite Ende verändert werde. Wir müssen es lernen, so zu beten: »Herr, wo muß ich noch verändert werden? Sind da noch Sünden, die ich nicht ausgeräumt habe? Habe ich noch irgend selbstsüchtige Wünsche, die gereinigt werden müssen? Willst du mir eine praktische Lektion des Glaubens erteilen? Sind noch Dinge vorhanden, die ich aufgeben muß?« Wenn es auf unserer Seite zu einer Veränderung kommen muß, dann laßt dies zuerst geschehen. Zu viele Gotteskinder hoffen, daß ihre Bitten erfüllt werden, ohne bereit zu sein, sich selbst verändern zu lassen.

Wenn junge Gläubige von Anfang an die Lektion des Betens zusammen mit der Lektion des Bibelstudiums lernen, dann wird die Gemeinde gewaltig gestärkt werden. Gott würde uns eine herrliche Zukunft sichern, die unsere Vergangenheit weit übertreffen würde.

Früh aufstehen

»Früh nach den Weinbergen aufbrechen, nachsehen, ob der Weinstock ausgeschlagen, ob die Blütezeit begonnen habe, ob die Granaten blühen; dort will ich dir meine Liebe schenken« (Hohel. 7, 13).

»Gefestigt ist mein Herz, o Gott, gefestigt ist mein Herz! Ich will singen und spielen. Wache auf, meine Seele! Wachet auf, Harfe und Zither! Ich will aufwecken die Morgenröte« (Ps. 57, 8–9).

Gefestigt ist mein Herz, o Gott! Ich will singen und spielen. Wach auf, meine Ehre! Wach auf, Harfe und Zither! Ich will aufwecken die Morgenröte« (Ps. 108, 1–3).

»Sie sammelten aber von demselben alle Morgen für sich, soviel ein jeder mochte; wenn aber die Sonne heiß schien, zerschmolz es« (2. Mose 16, 21).

»Gott, mein Gott bist du; nach dir suche ich. Es dürstet nach dir meine Seele, nach dir schmachtet mein Fleisch in einem dürren und erschöpften Land ohne Wasser« (Ps. 63, 1).

»Wenn er sie tötete, dann fragten sie nach ihm, kehrten um und suchten nach Gott« (Ps. 78, 34).

»Sättige uns am Morgen mit deiner Güte, so werden wir jubeln und uns freuen in allen unseren Tagen« (Ps. 90, 14).

Warum müssen wir früh aufstehen?

Was wir heute den Neubekehrten darlegen möchten, ist etwas ganz Einfaches: Wir müssen jeden Tag früh aus unserem Bett aufstehen. Ich möchte hier die Worte der Miß Groves zitieren, einer Mitarbeiterin der Miß M. E. Barber, die uns allen eine große Hilfe gewesen ist. Sie sagte einmal, die erste Wahl, die Beweis davon ablege, wie lieb ich meinen Herrn habe, sei die Wahl zwischen meinem Bett und dem Herrn. Wer es wählt, das Bett mehr zu lieben, schläft länger;

wer es aber wählt, den Herrn mehr zu lieben, wird ein wenig früher aufstehen. Ich hörte von ihr diese Worte im Jahre 1921, und heute noch spüre ich deren Frische. Ja, der Mensch muß zwischen dem Bett und dem Herrn wählen. Wenn du dein Bett lieber hast, dann schlaf weiter; aber falls du den Herrn mehr liebst, mußt du früher aufstehen.

Warum müssen wir früh aufstehen? Weil der frühe Morgen die beste Zeit ist, um dem Herrn zu begegnen. Alle Geschwister, außer den wenigen, die körperlich behindert sind, sollten zum frühen Aufstehen ermuntert werden. Den meisten von uns fehlt gesundheitlich nichts. Unsere Krankheit ist die, daß wir uns selbst allzu liebhaben! Wenn der Arzt uns auf ein organisches Leiden, wie Tuberkulose oder Herzschwäche aufmerksam macht, dann sollten wir nicht früh aufstehen. Wir wollen nicht extrem werden. Den Kranken raten wir mehr Ruhe an. Für die meisten jedoch wünschen wir, daß sie so früh wie möglich aufstehen. Die Dämmerung ist die schönste Zeit, dem Herrn zu begegnen, die beste Möglichkeit mit ihm Gemeinschaft zu pflegen.

Eine ganze Reihe von Gottesknechten in der Bibel waren gewohnheitsmäßige Frühaufsteher. Das Manna muß vor Sonnenaufgang gesammelt werden. Wer die Speise, die Gott für ihn bereitet hat, zu essen wünscht, muß früh aus dem Bett steigen. Sobald die Sonne heiß zu scheinen anfängt, schmilzt das Manna weg. Jeder Neubekehrte muß wissen, daß – falls er von Gott geistliche Nahrung oder Speise begehrt, im Geist erhoben werden und Gemeinschaft halten will – er etwas früher aufstehen muß. Wenn er zu spät aufsteht, wird er sein Essen verpassen. Das kränkliche Christenleben, welches heute unter Gotteskindern vorherrscht, ist weniger auf schwerwiegende geistliche Probleme zurückzuführen, als auf die Tatsache, daß morgens zu spät aufgestanden wird. Erachte es daher nicht als nebensächlich. Das geistliche Problem vieler liegt tatsächlich in ihrem Versäumnis, früh aufzustehen.

Es scheint, daß am frühen Morgen – vor oder gerade noch während der Dämmerung – Gott seine Kinder mit ihrem täglichen Bedarf an geistlicher Speise und heiliger Gemeinschaft mit ihm versieht. Wer spät aufsteht, wird es verpassen. Zahlreichen Kindern Gottes mangelt es nicht an Hingabe, Eifer und Liebe, und doch sind sie noch keine guten Christen, weil sie zu spät aufstehen. Früh aufstehen hat viel mit geistlichem Leben zu tun. Ich bin noch keinem Gebetskämpfer begegnet, noch kenne ich jemand, der dem Herrn nahe ist, der spät aufsteht. Alle die Gott kennen, gehen zum mindesten am frühen Morgen zu ihm.

»Die Tür dreht sich in der Angel und der Faule in seinem Bett« (Spr. 26, 14). Was tut der Faulpelz in seinem Bett? Wie die Tür sich in ihren Angeln dreht, wird sich der Faule in seinem Bett kehren, doch verlassen würde er es nicht. Er wendet sich einmal auf diese Seite, dann auf die andere, doch bleibt er im Bett. Viele Leute hängen einfach an ihren Betten. Sie drehen sich auf die linke Seite und finden das Bett herrlich; dann auf die rechte Seite, und noch immer finden sie es wunderbar! Wie gerne schlafen sie, schlafen noch ein wenig weiter und strecken sich noch eine Weile länger im Bett. Geschwister, merkt euch aber, daß ihr täglich früh aufstehen müßt, wenn ihr Gott dienen wollt.

Jeder, der vor Gott beschließt, früh aufzustehen, wird bald mannigfaltigen geistlichen Segen erfahren. Seine Gebete zu anderen Tageszeiten können nicht mit den Morgengebetsstunden verglichen werden. Die Bibellese zu einer anderen Stunde kommt jener in der frühen Morgenstunde nie gleich. Und die Gemeinschaft mit dem Herrn ist nie so tief und erfreuend wie zu Tagesbeginn. Merke dir gut, daß die Morgenstunde die beste Zeit des Tages ist. Wir sollten unsere beste Zeit Gott darbringen und nicht Menschen oder den Geschäften der Welt. Der ist ein Tor, welcher den ganzen Tag in der Welt verbringt und dann abends, wenn er hundemüde ist, noch hinkniet, um die Bibel zu lesen und zu beten, bevor er ins Bett fällt. Wen wundert es, wenn sein Bibelstudium, seine Gebete und seine Gemeinschaft mit dem Herrn armselig sind? Sein Problem ist, daß er morgens zu spät aufsteht.

Beispiele von Frühaufstehern in der Bibel

Die Knechte Gottes der Bibel waren alle Frühaufsteher. Wir wollen einige von ihnen festhalten:

1. Abraham

»Abraham aber machte sich am Morgen früh auf an den Ort, da er vor dem Herrn gestanden hatte« (1. Mose 19, 27).

»Da stand Abraham am Morgen frühe auf . . .« (1. Mose 21, 14)
»Da stand Abraham am Morgen früh auf . . .« (1. Mose 22, 3).

2. Jakob
»Und Jakob stand am Morgen früh auf . . .« (1. Mose 28, 18).

3. Mose
»Da sprach der Herr zu Mose: Mache dich morgen frühe auf und tritt zum Pharao . . .« (2. Mose 8, 20).
»Da sprach der Herr zu Mose: Mache dich am Morgen früh auf . . .« (2. Mose 9, 13).
»Da schrieb Mose alle Worte des Herrn nieder und stand des Morgens frühe auf und . . .« (2. Mose 24, 4).
». . . und stand am Morgen früh auf und stieg auf den Berg Sinai . . .« (2. Mose 34, 4).

4. Josua
»Da machte sich Josua früh auf . . .« (Jos. 3, 1).
»Da stand Josua am Morgen früh auf . . .« (Jos. 6, 12).
»Da machte sich Josua am Morgen früh auf . . .« (Jos. 7, 16).
»Und er machte sich am Morgen früh auf . . .« (Jos. 8, 10).

5. Gideon
»denn als er am Morgen früh aufstand . . .« (Richt. 6, 38).

6. Hanna
Und am Morgen früh machten sie sich auf, und als sie vor dem Herrn angebetet hatten . . .« (1. Sam. 1, 19).

7. Samuel
»Und Samuel machte sich früh auf, um Saul am Morgen zu begegnen . . .« (1. Sam. 15, 12).

8. David
»Da machte sich David am Morgen früh auf . . .« (1. Sam. 17, 20).

9. Hiob
»Er stand des Morgens früh auf und brachte Opfer . . .« (Hiob 1, 5).

10. Die Apostel
»Als sie es aber gehört hatten, gingen sie frühmorgens in den Tempel« (Apg. 5, 21).

11. Maria
»Aber auch einige Frauen von uns haben uns aus der Fassung gebracht, die am frühen Morgen bei der Gruft gewesen sind« (Luk. 24, 22).

»Als er aber früh am ersten Wochentag auferstanden war, erschien er zuerst der Maria Magdalena . . .« (Mark. 16, 9).
»An dem ersten Wochentag aber kommt Maria Magdalena früh, als es noch finster war, zur Gruft . . .« (Joh. 20, 1).

12. Der Herr Jesus
»Und frühmorgens, als es noch sehr dunkel war, stand er auf und ging hinaus und ging fort an einen einsamen Ort und betete dort« (Mark. 1, 35).

In all diesen Versen wird frühes Aufstehen erwähnt. Gerade in dieser Zeit wurden viele Dinge geregelt, die das Werk des Herrn und die Weihe betrafen. Gottes getreueste Diener im Alten wie im Neuen Testament waren alle Frühaufsteher. Alle hatten sie die Gepflogenheit, sich am frühen Morgen mit Gott auseinanderzusetzen, mit ihm Gemeinschaft zu halten und für ihn Arbeiten zu tun. Obwohl uns Gott in der Bibel nirgends ausdrücklich gebietet, früh aufzustehen, sollten uns doch die Beispiele aller treuen Gottesknechte Hinweis genug sein.

Daher sollten junge Geschwister, die dem Herrn nachfolgen wollen, nicht verächtlich die Frage stellen, welches denn der Unterschied zwischen einer früheren oder etwas späteren Stunde sei. Wir haben genügend Erfahrung, um sagen zu können, daß unsere Bibellese verdorben sein wird, wenn wir eine Stunde später aufstehen, und wenn wir zwei Stunden länger liegenbleiben, es mit dem Gebet aus sein wird. Ich kann persönlich bezeugen, daß eine Stunde Bibellesen am frühen Morgen mehr hergibt, als wenn ich eine Stunde später genau gleichlang in der Bibel lese. Diese beiden Stunden sind nicht gleich. Die Resultate des Bibellesens und Betens sind unterschiedlich.

Früh aufstehen ist ein großer Segen. Wir wünschen, daß niemand, der sein Christenleben beginnt, dieses Segens des frühen Aufstehens verlustig geht. Während meiner drei ersten Jahre als Christ, wurde ich mindestens fünfzigmal von verschiedenen Leuten gefragt, wie früh ich aufstehe. Niemand wollte, daß ich einen solch großen Segen verpassen sollte. Die Welt mag darin keinen Unterschied sehen, ob man zwei Stunden früher oder später aufsteht; so etwas mag auf die Dinge der Welt auch keinen Einfluß ausüben, doch laßt es auch gesagt sein: In geistlichen Belangen macht es einen großen Unterschied.

Und nicht nur viele Diener Gottes waren Frühaufsteher, der Herr selbst pflegte früh aufzustehen. Vor Tagesanbruch stand er auf, um zu beten. Früh am Tage rief er seine zwölf Jünger. Wenn wir nicht früh genug aufstehen, wird unser geistliches Leben zweifellos sehr dürftig bleiben.

Nebst den zwölf oben erwähnten Beispielen von Frühaufstehern aus der Bibel könnten wir eine ganze Reihe von Gottesknechten aus der Geschichte erwähnen, die alle früh aufstanden.

Alle, die ich je gekannt habe oder von denen ich gelesen habe, die irgendwie brauchbare Werkzeuge in Gottes Hand waren, haben die Wichtigkeit des Frühaufstehens beachtet. Sie sprechen von einer Morgenwache. Hast du schon von solchen gehört, die wachten, nachdem die Sonne schon aufgegangen war? Nein, Wache hält man, bis die Sonne aufgeht. Also muß eine Morgenwache früh gehalten werden, ansonsten es keine Wache mehr ist.

Morgenwache halten ist wahrlich unser christliches Erbe; Gottes Kinder sollten es nicht von sich werfen. Gleichwie die Gemeinde diese Gewohnheit all die Jahrhunderte hindurch gepflegt hat, sollten wir sie erhalten und der kommenden Generation weiterreichen. Wir wollen den Namen behalten und es eine Morgenwache nennen, wollen die jüngere Generation dazu anhalten, früh aufzustehen, um Gott zu begegnen.

Ich kannte einige Missionare, die der Herr gewaltig verwendet hat, wie Miß M. E. Barber und Miß Groves. Beide standen während Jahrzehnten früh auf: Miß Groves war immer vor fünf auf und auch Miß Barber zwischen vier und fünf. Sie sagten mir, sie wagten nicht allzu warm zu schlafen, sonst möchten sie am frühen Morgen nicht aufstehen können.

Georg Müller stand früh auf, auch John Wesley und mit ihnen viele Knechte Gottes. Daher erwarten wir von jungen Geschwistern, daß auch sie früh aufstehen und nicht die Zeit im Schlaf zerrinnen lassen.

Was tun wir, nachdem wir früh aufgestanden sind?

Unsere Absicht ist es nicht, die Leute am frühen Morgen einfach aus dem Bett zu jagen. Wir trachten nach geistlichen Inhalten und Werten. Dies sind einige Dinge, die wir tun sollten, nachdem wir aufgestanden sind:

1. Mit Gott Gemeinschaft haben

Dazu stehen wir früh auf. »Wir wollen uns früh aufmachen ... dort will ich dir meine Liebe schenken« (Hohel. 7, 12). Da es die beste Zeit des Tages ist, sollte sie damit verbracht werden, mit Gott Gemeinschaft zu halten, stille auf ihn zu harren, in seiner Gegenwart nachsinnen, um von ihm Anweisung und Führung zu empfangen. Dadurch, daß wir ihm unseren Geist öffnen, lassen wir Gott zu uns sprechen.

Mit Gott Gemeinschaft haben, heißt seinen Geist Gott geöffnet zu haben. Und sowie der Geist Gott geöffnet ist, ist auch der Verstand ihm geöffnet. Das gibt Gott Gelegenheit, uns Licht zu vermitteln, ein Wort mitzuteilen, in uns einen Eindruck zu schaffen und uns eine lebendige Berührung mit ihm zu gewähren. Die Seele genießt das Vorrecht, es lernen zu dürfen, Gott zu berühren, Besinnung und stille Betrachtung zu üben und sich dem Herzen Gottes zu nähern. Das ist, kurz gefaßt, Gemeinschaft mit Gott.

2. Singen und Lobpreisen

Die Morgenstunde ist die schönste Zeit, dem Herrn Lobpreis zu singen. Da mögen wir ihm unser höchstes Lob singen.

3. Vor Gottes Angesicht Speise suchen

Dies ist auch die Zeit, unser Manna zu sammeln. Was ist unser Manna? (Manna ist natürlich ein Bild auf Christus, doch hier wollen wir nicht darauf das Gewicht legen.) Es ist das Wort Gottes, dessen wir uns täglich erfreuen, durch welches wir auch Kraft empfangen, um durch die Wüste zu wandern. Manna ist die Speise der Wüste. Es muß am frühen Morgen gesammelt werden. Wie könnte man auch gesättigt und genährt werden, wenn man den frühen Morgen in anderen Obliegenheiten verbringt?

Wir haben schon erwähnt, daß jedermann zwei Bibeln besitzen sollte: Eine, in der man in Ruhe am Nachmittag liest, in die man Verschiedenes hineinschreiben kann, und eine, die man morgens liest, in die nichts eingetragen werden sollte, denn sie ist allein für das Einsammeln von Manna. Lest keine langen Abschnitte am Morgen; erwählt euch vielmehr einen kurzen Abschnitt der Schrift und mischt unter das Wort Gebet, singt zum Lesen, und haltet dabei Gemeinschaft mit Gott.

Wir halten dafür, daß wir früh aufstehen, um mit dem Herrn Gemeinschaft zu pflegen. Das heißt jetzt nicht, daß Gemeinschaft der erste Schritt sei, Lobpreis der zweite, Bibellesen der dritte und Gebet der vierte. In Wahrheit ist es ein Zusammentragen all dieser Dinge, indem man sie vor Gott mischt. Du kannst vor dem Herrn erscheinen, indem du sein Wort öffnest und an die Worte aus Maleachi denkst: »Gedenket des Gesetzes Moses, meines Knechtes, welches ich ihm auf Horeb an ganz Israel geboten habe« (Mal. 4, 4). Du magst dein Gebet mit Lesen im Wort verknüpfen; du kannst Sünden bekennen, nachdem du Gottes Wort gelesen hast. Vielleicht willst du Gott Dank sagen, für besondere Gnade, die du empfangen hast. Oder du magst entsprechend dem Wort, das du soeben gelesen, eine besondere Bitte an Gott richten; oder Gott einfach sagen, daß du gerade das in der Schrift Erwähnte benötigst. Zu vielen Aussagen kannst du sagen: »Herr, ich glaube«, viele Verheißungen kannst du mit: »Herr, ich empfange« beantworten. Manchmal möchtest du Gott danken, weil seine Verheißung so großartig ist. Manchmal bist du gedrängt, für Geschwister und auch für dich selbst zu beten, weil du erkennst, daß ihre und auch deine Lage den Aussagen der Bibel nicht entsprechen. Dergestalt bekennst du sowohl deine eigenen Sünden als auch jene der ganzen Gemeinde. Nein, du kritisierst niemand vor Gott, auch klagst du niemand an, sondern du bittest Gott schlicht darum, sein Wort in deinen Geschwistern und in dir zur Erfüllung zu bringen. Du betest für dich und für andere.

Aus diesem Grund sollte die Bibellese am Morgen nicht zu lang sein. Drei bis fünf Verse sollten genügen für eine Stunde Gemeinschaft und Gebet. Bete über alles und teile es Gott mit. David und Nehemia sind gute Beispiele für Männer, die das auch taten; sie kannten Gott und pflegten Umgang mit ihm.

In den Psalmen Davids fällt uns auf, wie er oft die angesprochene Person von »du« oder »ihr« auf »er« überwechselt. Einmal spricht er zu Menschen, aber im nächsten Augenblick wendet er sich im Gebet zu Gott. Im gleichen Psalm kann er einige Worte an Menschen richten, und die folgenden Worte spricht er zu Gott. Wenn wir es nicht verstehen, die Psalmen richtig zu lesen, werden wir Schwierigkeiten haben, ihn zu verstehen. Aber gerade diese Psalmen beweisen, daß David ein Mann war, der den Umgang mit Gott pflegte. Ich kann nicht zur gleichen Zeit mit Brüdern und zu Gott sprechen, doch in den Psalmen Davids finden wir diese zwei Dinge gemischt.

Auch Nehemia war ein solcher Mann. Er mengte Gebet unter die Erledigung irdischer Geschäfte. Als er mitten in seiner Aufgabe stand, sprach er einige Worte und zugleich auch ein kurzes Gebet. Sogar als er dem König Antwort gab, sprach er sowohl mit dem Herrn als auch mit dem König. Diese Art von harmonischer Verbindung ist ein wichtiger Grundsatz im Leben des Gläubigen.

Einen ähnlichen Zug finden wir in den Briefen des Apostels Paulus. Der Römerbrief ist an die Gläubigen in Rom gerichtet, doch immer wieder sehen wir, wie die Worte des Paulus an den Herrn gerichtet sind, als hätte er die Römer ganz vergessen.

Etliche Leser mögen das Leben der Madame Guyon schon gelesen haben. Ihre Autobiographie hat einen besonderen Wesenszug: Während die meisten Lebensgeschichten den Menschen zum Lesen geschrieben wurden, ist die ihre sowohl für Gott als auch für Menschen. Einmal spricht sie zu LaCombe (denn er war es, der sie gebeten hatte, ihr Lebensgeschichte niederzuschreiben), und im nächsten Augenblick redet sie mit dem Herrn. Das nennen wir Gemeinschaft oder Umgang. Wo es anfängt und aufhört, ist nicht bestimmt. Sobald unser Geist aufsteigt, treten wir hinaus, um dem Herrn zu begegnen. Man braucht die Obliegenheiten der Welt nicht zur Seite zu stellen, um zu beten, noch kann man sie erst dann wieder aufnehmen, wenn man das Gebet beendet hat.

In der Tat: Der frühe Morgen ist die beste Zeit, um Manna zu sammeln. Lerne es, Gebet, Anbetung und Gemeinschaft unter das Wort zu mengen. Eine Zeitlang bist du auf der Erde, im nächsten Moment schon im Himmel; du bist einen Augenblick in deiner eigenen Gegenwart, und dann begibst du dich in Gottes Gegenwart. Wenn du so deine Zeit jeden Morgen vor Gott verbringst, wirst du täglich befriedigt werden. Du wirst dich am Wort Christi gesättigt haben, denn Christus ist das Wort Gottes. Du wirst auch dem Wort

Christi Raum gemacht haben, reichlich in dir zu wohnen. Diese Art, Gottes Wort zu lesen, vom Manna zu essen, ist unerläßlich. Die vielen Brüder und Schwestern, die sich mühsam durch die Wüste schleppen, möchten wir fragen, ob sie schon gegessen haben. Sie vermögen nicht zu laufen, weil das, was sie gegessen haben, nicht ausreicht, um sie zu ernähren. Das Manna muß am frühen Morgen gesammelt werden. Steht darum ein wenig früher auf, damit ihr nicht eure Speise verpaßt.

Laßt uns am frühen Morgen Umgang mit Gott pflegen, ihn preisen, beten und unser Manna essen. »O Gott, du bist mein Gott, frühe suche ich dich« (Ps. 63, 1). »Und kehrten um und suchten Gott frühe« (Ps. 78, 34). In beiden Psalmen finden wir im Original das Wort »frühe«. Der frühe Morgen ist die Zeit zum Beten. Nachdem man mit Gott Gemeinschaft gehalten und sich am Manna gesättigt hat, ist man gestärkt, um alle Anliegen vor Gott auszubreiten, um sorgfältig über ihnen zu beten. Gebet erfordert Kraft; die Schwachen können nicht beten. Mit der neuen Kraft, die man aus dem Umgang mit Gott und vom Manna erhalten hat, ist man fähig zu beten – für sich selbst, für die Gemeinde und für die ganze Welt.

Jeder Neubekehrte sollte die vier Dinge kennen, die er jeden Morgen ernsthaft vor Gott tun sollte: Gemeinschaft, Anbetung, Bibellesen und Beten. Wenn er diese vier Dinge vernachlässigt, wird es der Tag offenbaren. Sogar ein Mann wie Georg Müller bekannte, daß sein geistlicher Zustand am ganzen Tag davon abhing, ob er am Morgen völlig gesättigt worden sei oder nicht. Sein früher Morgen sagte den Tag voraus. Viele Christen finden ihre Tage deshalb hart, weil ihre Morgen schlecht verbracht wurden. (Ich anerkenne, daß derjenige von äußeren Umständen nicht stark beeinflußt wird, der zwischen Geist und Seele zu unterscheiden versteht und deshalb auch vom Verbrauchtwerden des äußeren Menschen weiß. Doch dies ist ein völlig anderer Gesichtspunkt).

Junge Gläubige muß man dazu ermuntern, früh aufzustehen, denn wenn sie einmal in diesem Punkt gleichgültig geworden sind, werden sie in beinahe allen Dingen gleichgültig werden. Gewaltig ist der Unterschied am Tag, der davon herrührt, ob wir am Morgen gesättigt worden oder leer ausgegangen sind!

Ich erinnere mich an folgende Bemerkung eines bekannten Pianisten: »Wenn ich einen Tag nicht geübt habe, merke ich gleich, daß etwas nicht in Ordnung ist; nach zwei Tagen merkt es auch meine Frau, und wenn ich drei Tage lang nicht geübt habe, fällt es aller Welt auf, daß etwas nicht mehr stimmt.« Vergessen auch wir nicht, daß nicht nur wir selbst und unsere Frauen, sondern die ganze Welt es wissen wird, wenn wir es versäumen, einen guten Morgen mit dem Herrn zu verbringen. Warum? Weil wir es unterlassen haben, an die Quelle unseres geistlichen Lebens zu gehen. Junge Gläubige sollten sich in strenge Zucht nehmen und am Morgen früh aufstehen, um mit dem Herrn Umgang zu pflegen, ihn anzubeten, die Bibel zu lesen und zu beten, damit sie auf diese Weise gut genährt werden.

Einige Dinge, die beim Frühaufstehen zu beachten sind

Schließlich möchten wir auf einige praktische Dinge im Zusammenhang mit dem Frühaufstehen hinweisen:

a) Um früh aufzustehen, muß man früh ins Bett gehen. Alle Frühaufsteher haben die Gewohnheit, sich früh schlafenzulegen. Man darf nicht erwarten, früh aus dem Bett steigen zu können, wenn man sich spät zur Ruhe gelegt hat. Das wäre als ob man eine Kerze an beiden Enden anzünden würde.

b) Setze den Zeitpunkt des Aufstehens nicht allzu früh an. Es gibt solche, die sich vornehmen um drei oder vier Uhr morgens aufzustehen. Sie versuchen es einige Tage, und dann geben sie auf. Der Versuch, allzufrüh aufzustehen, wird in ein Versagen ausmünden. Wir wollen eher maßvoll sein und um fünf bis sechs herum aufstehen – gerade vor oder bei der Dämmerung.

Wenn wir die Zeit zu früh festsetzen wollen, wird es schwierig sein, durchzuhalten. Sich zuviel zumuten, wird zu einem schlechten Gewissen führen; wir aber sollten stets ein Gewissen wahren, das frei von Anstoß ist. Daher befürworten wir keine Extreme. Ein jeder von uns überdenke es gründlich vor dem Herrn, indem er körperliche Verfassung und andere Umweltsbedingungen mit in Betracht zieht, und so mag er dann für sich ermessen, welches die passende Zeit zum Aufstehen ist.

c) Entwickle die Gewohnheit, früh aufzustehen. Daß man in den ersten Tagen, wenn man beginnt, früh aufzustehen, Mühe hat, ist nicht zu vermeiden. Man hat das Bett noch so lieb, und findet es entsprechend schwierig, aus den Federn zu kommen. Es dauert eine Zeit, bis sich eine Gewohnheit gebildet hat. Anfangs wird man sich zum Aufstehen zwingen müssen, doch nach einer Zeit wird man mühelos das Bett verlassen können. Die menschlichen Nerven sind wie ein Baum auf einem Hügel, der sich in Windrichtung neigt. Wenn der Wind immer in dieselbe Richtung bläst, gewöhnt sich der Baum daran, sich in diese Richtung zu neigen. Angenommen, deine Gewohnheit sei es, spät aufzustehen. Das ist, als ob du nach Norden geneigt wärest. Aber nachdem du mehrere Male versucht hast, früh aufzustehen, wirst du dich gegen Süden zu neigen beginnen. Dann wirst du es schwierig finden, spät aus dem Bett zu steigen, denn du kannst nicht weiterschlafen. Bis sich diese Gewohnheit jedoch entwickelt hat, bitte Gott darum, dir Gnade zu schenken, daß du dir die Gepflogenheit des frühen Aufstehens aneignen kannst. Versuche es mehrmals, tu es wieder und wieder. Lerne täglich, dein Bett zu verlassen, bis sich die Gewohnheit entwickelt hat, und du die Gnade der Morgengemeinschaft mit Gott genießen darfst.

d) Unser Schlaf sollte nicht länger als acht Stunden sein. Verzeiht mir bitte, daß ich mich über die Ärzte hinwegsetze und mich direkt an die Neubekehrten wende. Ich bin der Meinung, daß nur wenige Leute mehr als acht Stunden Schlaf nötig haben. Mache aus dir keine Ausnahme. Wenn der Arzt dir nicht mehr Ruhe vorschreibt, wegen eines körperlichen Leidens, sind acht Stunden Schlaf völlig ausreichend. Mache dir keine Sorgen wegen deiner Gesundheit, wenn du beginnst früh aufzustehen. Viele lieben sich selbst zu sehr und werden vor lauter Sorgen krank. Der durchschnittliche Schlafbedarf für einen normalen Menschen liegt zwischen sechs und acht Stunden. Solange du dich in diesem Rahmen aufhältst, wirst du genug Schlaf bekommen.

e) Dem Faulen muß man einen kleinen Stoß geben. Wir gehören jetzt der Gemeinde als Glieder am Leibe Christi an. Wie dürfen wir da fahrlässig sein? Der Faulpelz braucht ein wenig gerüttelt und gezogen zu werden. Gleicherweise müssen auch, die nur drei oder vier Stunden schlafen, zurechtgewiesen werden, denn Schlafmangel kann zur Ursache von Krankheiten werden. Halten wir uns an den Durchschnitt von acht Stunden.

Jungen Gläubigen eine Hilfe sein

Ich hoffe, daß die Brüder, die im Herrn schon weiter vorangekommen sind und somit vor Gott einiges Gewicht haben, die Verantwortung übernehmen, daß in der Gemeinde stets Morgenwachen gehalten werden. Sie sollten selber Frühaufsteher sein und den Jungen dazu verhelfen, in diesen gesegneten Stand zu treten. Bei jeder sich bietenden Gelegenheit sollten sie die Jungen fragen: »Bruder, wann stehst du zur Zeit jeweils auf?« Viele stehen um acht Uhr auf, frühstücken in fünf Minuten und nehmen sich noch fünf Minuten, um durch die Bibel zu eilen. Sie verbringen zuviel Zeit im Bett. Deshalb sollten die Älteren die Jungen nach ihren Schlafgewohnheiten fragen, und diese Nachfrage ein ganzes Jahr lang vielleicht aufrecht erhalten.

Merke dir: Früh aufzustehen ist die erste Gewohnheit, die ein Christ sich zulegen sollte. Sich um den Tisch des Herrn zu versammeln ist auch eine Gewohnheit. Beide Gewohnheiten müssen sich die Jungen aneignen, doch tragen die älteren Gläubigen die Verantwortung, ihnen dabei zu helfen. Wie zahlreich sind doch all jene, die den Segen des Frühaufstehens nie erfahren haben.

Wenn die Gemeinde in dieser Übung Fortschritte macht, wenn viele Geschwister es lernen, früh aufzustehen, wenn jeder vor Gott tritt und täglich ein wenig mehr Licht empfängt, wie reich wird dann die Gemeinde werden, wie wird das Licht hervorbrechen! Wenn die Gemeinde arm ist, dann nur deshalb, weil allzuwenige überhaupt etwas vom Haupt empfangen – auch wenn jeder von uns nur ein wenig empfinge – wäre das Resultat eine überaus reiche Gemeinde.

Unsere Antwort liegt nicht in zehn oder hundert speziellen Mitarbeitern oder Dienern, die unter uns wirken sollten. Wir erwarten von allen Gliedern des Leibes, sich vor Gott zu erheben, um Reichtümer und Gnade entgegenzunehmen. Wenn alle Brüder und Schwestern diesen Weg gehen, dann werden die Reichtümer unter uns unermeßlich sein. Ich habe oft den Eindruck, daß Gott viel mehr schenken könnte, als wir den Brüdern mitgeben können. Aber was jedes Glied direkt vom Haupt hinnimmt, ist dem ganzen Leib zum Segen. Mögen viele solche empfängliche Gefäße vor Gott stehen, von denen jedes seinen kleinen Anteil gewinnt, um ihn dem Leib mitzuteilen. Laßt uns aus diesem Grund Frühaufstehen nicht als eine kleine Sache abtun. Laßt uns alle gemeinsam die Morgenwache halten, und dann werden wir alle zusammen einen Schritt weiter vorangehen.